JN437247

칼 헨리

-복음주의 신학의 대변자

현대 신학자 평전 8

칼 헨리

– 복음주의 신학의 대변자

박찬호 지음

살림

머리말

철학자 마르틴 하이데거(Martin Heidegger)는 아리스토텔레스 철학 강의에서 아리스토텔레스의 생애를 다음과 같이 요약했다고 한다. "태어나 살다 죽었다." 이는 한 사람의 사상이나 철학이 그의 생애와는 전연 무관하게 형성되었다는 하이데거의 생각을 반영해 주는 유명한 일화이다. 그러나 정말 그럴까? 우리가 다루어야 할 칼 헨리의 사상을 생각해 보면 이러한 의구심은 더욱 증폭된다.

침례교 신학자이자 '이야기 신학(narrative theology)'의 대가인 제임스 맥클렌던(James W. McClendon, Jr.)은 『신학으로서의 전기: 어떻게 인생 이야기가 오늘날의 신학을 개조할 수 있는가』(1974)에서 한 사람의 생애가 신학 연구에 어떤 기여를 하고 있는지에 관한 논리적인 근거들을 제시해 주고 있다. 예를 들면 한 사람의 생애와 관련한 주제들이 '동일한 신앙을 공유하는 공동체 신학'에 공헌한다는 것이다.[1] 다시 말해 한 사람의 생애와 사상은 분리할 수 없는, 서로를 보완하고 조명해 주는 거울과도 같다 할 것이다.

칼 헨리(Carl F. H. Henry)는 한국 교회에 잘 알려진 신학자는 아니다. 그 이유는 크게 두 가지로 정리할 수 있다. 첫째는 칼 헨리 자체의 한계에 있다 하겠다. 그의 이력은 신학자치고는 매우 다양하고 화려했는데, 이것이 오히려 한국 교회에서는 단점으로 작용한 것이다. 그는 전문 신학자의 길을 올곧게 걸어간 인물이 아니었다. 풀러 신학교가 세워진 때부터 약 10년간 그곳에서 신학교수로 활동한 후, 새롭게 출범한 신학 잡지의 편집장을 역임하기도 하는 등 다양한 활동을 했기 때문이다.

두 번째는 우리나라의 교단적인 배타성에서 그 원인을 찾을 수 있다. 굳이 분류하자면 칼 헨리는 보수적인 침례교 신학자이다. 그러나 그는 침례교라는 교단에만 머문 것이 아니라 '복음주의'라는 초교파적인 영역을 아우르려 했다. 이러한 그의 폭넓은 신학적인 스펙트럼은 오히려 교단 중심의 한국 교회에 걸림돌이 되었던 것이 사실이다.

---

1) James W. McClendon, Jr., *Biography as Theology: How Life Stories Can Remake Today's Theology*(Philadephia: Trinity Press International, 1990, New Edition).

헨리는 북침례교, 풀러, 트리니티 신학교 등에서 교수로 활동하였다.

'칼 헨리' 하면 무엇보다도 풀러 신학교와 『크리스채니티 투데이 *Christianity Today*』가 떠오른다. 풀러 신학교는 1947년에 세워진 이후로 약 10년 동안 무인가 시기를 겪은 후 현재는 상당한 유명세와 권위를 인정받는 학교로 성장하였다. 풀러 신학교와 관련해, 칼 헨리는 학교 건립부터 시작하여 초대 교수로 활동하는 등 초석을 놓는 데에 누구보다도 큰 공을 세운 인물이다. 그러나 그는 상아탑이라고 하는 대학에만 머물렀던 신학자가 아니었다. 칼 헨리는 2년 동안의 안식년을 온전히 『크리스채니티 투데이』라는 잡지를 만드는 일에 투자했다. 그리고 결국 이곳에 온 열정을 바치기 위해 풀러 신학교의 교수직을 버리고 이 잡지의 편집장의 자리를 택하는 결단을 내리기도 했다. 빌리 그레이엄 목사의 주도로 만들어진 『크리스채니티 투데이』는 자유주의 진영의 『크리스천 센츄리 *Christian Century*』에 대항하기 위해 만들어진 복음주의적인 잡지로 오늘날까지도 상당한 영향력을 행사하고 있다.

사실 칼 헨리라는 인물에 비해 그의 복음주의 신학은 그리 잘 알려지지 않은 편이다. 그의 사상보다는 활동이 사람들의 이목을 집중시켰기 때문일 것이다. 그리고 그 배경에는 그가 기본적으로 침례교 신학자라는 점도 한 몫을 감당했을 것이다. 침례교 신학의 약점이라고 할 수 있는 전통에 대한 경시가 그의 신학의 바탕을 이루고 있을 가능성이 있기 때문이다. 전통에 매이는 것도 잘못이겠지만 전통을 무시하고 경시하는 것도 잘못이다. 그가 전통과의 대화에 좀 더 충실하고 진지하게 임했더라면 어땠을까라는 아쉬움이 남는 것도 사실이다. 이는 그의 회심의 과정과도 무관하지 않다. 소위 칼 헨리는 모태 신앙이긴 했지만 명목상의 그리스도인에 불과했다. 그러다가 극적인 회심의 경험을 통하여 그리스도인이 되었고, 이런 회심의 경험이 그의 신학의 색채를 결정하는 데 주요한 영향을 미쳤을 것이다.

유학시절 필자는 칼 헨리의 신학을 공부할 수 있었는데, 지금 돌아보면 이는 너무나도 귀한 기회였다고 생각한다. 밥 패터슨(Bob E. Patterson)의 『칼 헨리 *Carl F. H. Henry*』(Waco, TX: Word Books, 1983)라는 책을 통하여 그의 신학에 흥미를 느낀 나는, 후에 칼 헨리 자신의 『한 신학자의 고백』 *Confessions of a Theologian* (Waco, TX: Word Books, 1986)이라는 자서전을 통해 그에 대한 전기적인 정보들을 얻을 수 있었다. 그리고 이 책을 집필하는 과정에서 읽었던 알리스터 맥그래스(Alister McGrath)의 책들을 통해 복음주의를 이해하는 데 상당한 도움을 받았다.

복음주의에 대한 상세한 정보를 원한다면 맥그래스의 『복음주의와 기독교의 미래』, 『복음주의와 기독교적 지성』이라는 두 권의 책을 권한다. 아울러 복음주의자들의 겸허한 자기 반성을 담고 있는, 미국의 역사학자인 마크 놀의 『복음주의 지성의 스캔들』이라는 책도 오늘의 한국 교회를 진단하는 데 유용한 지침이 될 것이다.

복음주의 신학의 대변자라 할 수 있는 칼 헨리를 소개하는 자리에서 필자는 무엇보다 복음주의 신학이 무엇인지를 간략하게 살펴보았으며, 그 토대 위에서 칼 헨리의 생애와 그의 신학사상을 소개하였다. 그리고 마지막에는 칼 헨리의 신학을 비판적으로 평가해 보고 이것들이 한국 교회에 어떠한 도움을 줄 수 있는지를 결론적으로 살펴보려 했다. 이 책의 저술은 필자가 재직하고 있는 웨스트민스터 신학대학원대학교의 저술지원연구비로 진행되었음을 밝혀둔다.

차 례

1. 복음주의 신학

복음주의 신학이라고 하면 빌리 그레이엄과 칼 헨리, 그리고 지미 카터 등의 인물이 떠오르기 마련이다. 빌리 그레이엄이 복음주의 운동의 실천적인 지도자라고 한다면, 지미 카터 전 미국 대통령은 복음주의 신앙을 실천하고 있는 대표적인 인물이라 하겠다. 대통령으로 재직하던 시절 지미 카터는 빌리 그레이엄을 제치고 '대표적인 복음주의자(Mr. Evangelical)'라는 직함을 얻을 정도로 미국에서 가장 잘 알려진 침례교 집사였다. 이들과 함께 칼 헨리는 이론적인 측면에서 활동한 복음주의 신학의 대변자라고 할 수 있겠다(1978년에 『타임 *Time*』지에서는 칼 헨리를 복음주의의 주도적인 신학자라고 소개하였다).

복음주의 신학자들은 하나님의 영광을 위한 계시를 설명하는 데 있어 이성을 적극적으로 활용하려 한다. 이들은 신학이 모든 진리를 알 수는 없다고 말하지만 참다운 진리를 알고 있다는 점은 분명히 한다. 그러나 무엇보다 최종적인 권위는 성경에 계시되어 있는 예수 그리스도에게 있음을 잊어서는 안 된다. 복음주의 신학은 장로교 신학자들이었던 찰스 핫지(1797~1878)와 윌리엄 쉐드(William Shed, 1820~94), 그리고 침례교 신학자 어거스투스 스트롱(Augustus Strong, 1836~1921), 루터교 신학자 프란츠 파이퍼(Franz Pfeiffer, 1852~1931)와 개혁파 신학자 루이스 벌코프(1873~1957)에 의해 꽃을 피웠다.

그러나 불행히도 이들이 떠난 1930년대에 이르러 복음주의 신학은 그 영향력을 상실해버리고 만다. 1960년대에 다시금 한 대안으로 부상할 수 있었으나 매스미디어의 주도로 일어난 보다 흥미로운 신학적인 유행에 밀려났다. 1970~80년대에 이르러 한때 대중적인 지지를 받기도 했지만 나름의 정체성의 문제로 홍역을 치르기도 한다. 이러한 상황에서 칼 헨리는 미국에서 복음주의 신학이 그 자존심을 회복하도록 힘썼던 인물이었다. 새 천년의 벽두에 일어난 9·11 테러로 인해 미국에서는 정치적인 신보수주의(Neo-conservatism)가 부상하게 되었는데, 이에 대해 일부 복음주의자들이 이념적인 배경을 제공하는 데 관여하였다. 또한 2004년에 실시된 미 대통령 선거에서 부시 대통령이 재선에 성공할 수 있었던 배경에도 보수적인 신앙인들의 역할이 적지 않았던 것으로 분석되고 있다.

이처럼 미국에서 복음주의자들은 상당한 영향력을 행사하고 있다. 미국의 가장 큰 교회는 대부분 복음주의 교회이며, 이들 교회는 오늘날에도 여전히 성장을 거듭하고 있다. 복음주의 대학과 신학교는 학생들의 인기를 한 몸에 받고 있으며, 닉슨 대통령의 보좌관이었던 찰스 콜슨이나 지미 카터, 빌리 그레이엄과 같은 복음주의자들도 여전히 대중의 관심을 끌고 있다. 『1977~78년 미국에서의 종교』에서 갤럽은 미국인의 28퍼센트인 4천만 명이 복음주의자들이라는 조사 결과를 발표한 바 있다(자신이 복음주의자이면서도 '복음주의'라는 용어 자체에 무지하여 답을 하지 않은 수를 포함하면 실제 수치는 더욱 높아질 수 있다).

결국 미국의 복음주의자들은 그 숫자만 해도 약 4천 5백만이나 5천만 명에 이를 것으로 추산되는데, 이는 미국 진역의 로마 가톨릭 인구(4천 9백만)와도 맞먹는 숫자이나. 교회협의회(NCC, National Council of Churches)에 소속된 전체 3천 6백만의 개신교 신자들 중 약 3분의 1에 해당하는 보수적인 신자들이 복음주의자들이다. 이에 더하여 NCC에 가입되어 있지 않은 여러 정통 개신교 교단에서도 3천 3~4백만의 복음주의자들이 흩어져 있다.[2)]

갤럽은 복음주의자를 "예수님을 개인적인 구주로 받아들여

거듭남을 고백하고, 성경이 모든 교리에 대한 근거를 마련하는 권위 있는 책이라고 믿으며, 이러한 믿음을 세상에 전파해야 하는 의무감을 느끼는 사람"으로 정의하였다. 다시 말해 복음주의자들은 아래의 세 가지 주된 신학적인 원칙들을 증거하고 그 토대 위에서 행동하는 사람들이라고 정의할 수 있겠다. 첫째, 신앙과 실천에 있어 성경의 권위를 전적으로 인정함, 둘째, 예수 그리스도를 구주요 주님으로 믿음(회심), 셋째, 죄인들을 그리스도에게 회심시켜야 할 긴급성(전도) 등이 바로 그것이다. 칼 헨리는 복음주의자를 "복음을 믿는 사람"이라고 정의하였다. "복음은 성육신하시고 십자가에 달리시고 부활하신 구속주를 통해 제공된 하나님의 구원을 받아들이고 자신의 죄를 회개하는 사람들에게 성령께서 영적인 생명을 허락하신다는 것을 의미한다. 기독교의 메시지는 영감 된 성경이 가르치는 것 그 이상도 이하도 아니다. 복음주의자는 그의 삶이 하나님과 그분의 목적에 합당하도록 성경의 계시에 의해 다스림을 받는 사람이다."[3)]

미국인 10명 중에 6명이 복음주의자들에게 매우 호의적인 평가를 내리고 있다. 에큐메니컬 진영의 진보적이고 자유주의

---

2) Bob E. Patterson, *Carl F.H. Henry*(Waco, Texas: Word Books, 1983), 14쪽 (이하 'Patterson').

3) "The House Divided: An Interview with Carl Henry," *Eternity*(October 1976), 36쪽. Patterson, 14쪽에서 재인용.

적인 교회가 감소하고 있는 것에 비해 보수적인 복음주의 교회는 해마다 성장을 거듭하고 있다. 이에 비해 미국의 자유주의 개신교를 대표하는 네 교단인 연합감리교회, 연합장로교회, 성공회와 그리스도연합교회(회중교회)에서는 최근에 2백 70만 명의 성도들이 감소하는 경향을 보이고 있다.

하지만 복음주의 계열의 남침례교회는 신자들이 거의 2백만 명이나 늘어나 미국에서 가장 큰 개신교단(1천 4백만)으로 성장했다. 한때 상당한 세력을 자랑했던 자유주의 교회가 쇠퇴한 자리를 보수 복음주의자들이 차지하게 된 것이다. 이들이 이렇듯 성장하고 있는 배경에는, 기독교의 핵심적인 교리에 대해서는 확고한 태도를 취하는 한편, 전통적인 형식이나 방법 면에서는 열린 자세를 견지하고 있기 때문인 점도 있다. 오늘날 이들은 미국 전체 인구의 상당 부분을 차지하게 되었다.

마크 놀이 제시하는 자료에 따르면 1988년, 미국의 총 인구는 2억 4천 6백만 명이며, 그 중 가톨릭 인구가 5천 4백 90만 명, 남침례교인은 1천 4백 80만 명으로 1940년대에 비해 가톨릭은 2배 반 정도, 남침례교는 3배 가까운 성장률을 기록하였다. 그러나 같은 기간에 연합감리교회와 장로교(PCUSA)는 각각 8백만 명과 2백 60만 명에서 단지 1백만 명과 30만 명이 늘어났을 뿐이며, 그나마 1980~88까지는 각각 50만 명

과 40만 명에 가까운 교인수가 감소하였다.[4)]

넓은 의미에서 복음주의는 교부와 중세시대, 그리고 종교개혁사상에 신학적인 연원을 가지고 있기에 특별히 새로운 것은 아니다. 복음주의자들이 가장 흔하게 주장하는 바는 "그리스도를 믿는 믿음을 통해서만 구원을 얻을 수 있다"는 교리이다. 이를 강조한 마르틴 루터(Martin Luther, 1483~1546)의 추종자들을 대개 복음주의자들이라고 부른다. 유럽이나 미국의 적지 않은 루터교 교회들은 '복음주의'를 자신들을 가리키는 용어로 사용하기를 좋아한다. 물론 헨리와 복음주의자들은 종교개혁자들의 신학적인 입장과 견해를 같이한다. 또한 그들은 장 칼뱅(1509~64), 훌리히 츠빙글리(1484~1531), 파렐(1489~1564), 부처(1491~1551), 멜랑히톤(1497~1560), 크

4) 마크 A. 놀, 『미국·캐나다 기독교 역사』, 최재건 옮김(서울: 기독교문서선교회, 2005), 556쪽. 마크 놀이 제시한 1947~88년의 결과를 보면, 가톨릭 교인들이 크게 증가하였고(전체 인구의 20%에서 27%로 성장하였다), 상대적으로 개신교는 줄어들었다(69%에서 56%). 이런 추세로 가면 21세기의 어느 시점에 미국의 가톨릭 교인수와 개신교 교인수가 같아질 것이다. 제2차세계대전 이후의 개신교단의 부흥과 침체에 대하여 마크 놀은 다음과 같이 말하고 있다. "개신교인들 가운데 교파를 바꾸는 일이 있었다. 한때 낙후된 지역의 거주민이라 하여 무시를 당했던 남침례교인들은 전국에서 가장 큰 개신교 교파가 되었다. 종파적이라고 여겨졌던 교단들-몰몬교, 안식교, 오순절과 근본주의 교단들-이 최근 수십 년 동안 급속하게 성장하였다. 한편 19세기에 미국 종교계를 좌우했던 교파들-회중교회, 감독교회, 장로교, 감리교-은 대부분 쇠퇴하였다"(같은 책, 554쪽).

랜머(1489~1560) 등의 개혁자들과도 뜻을 같이한다.

영국의 복음주의 신학자인 알리스터 맥그래스(Alister E. McGrath)는 복음주의의 세 가지 원천을 종교개혁과 청교도 운동, 그리고 경건주의라고 밝힌 바 있다. 16세기에 일어난 종교개혁은 교회의 '개혁'에 관심을, 즉 이미 정착된 기독교 문화의 맥락에서 기존 교회를 개혁하려는 요구에 집중되어 있었기에 비기독교인들을 회심시키려는 복음 전도가 루터나 칼뱅에게는 그리 중요한 문제가 될 수 없었다. 17세기에 영국에서 일종의 영적 운동으로 시작된 청교도 운동은 18세기에 뉴잉글랜드 신학자인 조나단 에드워즈(Jonathan Edwards, 1703~58)에 의해 영적, 지적인 절정기를 맞이하였다. 비슷한 시점에 루터교 정통주의에 대한 반발로 독일에서는 경건주의가 태동했다. 이들은 무엇보다도 신조를 수동적으로 받아들이는 것에 반대하며, '거듭난' 그리스도인들의 그리스도와의 관계, 즉 '개인적인' 신앙을 크게 강조하였다.

경건주의가 칼뱅주의의 특징이랄 수 있는 철저한 학문적 성향이 부족하여 인간 예수에 대한 개인적인 숭배에 빠질 위험이 있기는 하지만, 대중에게는 경건주의의 열정이 살아 있고 인격적인 영적 체험을 가능하게 해준다는 점에서 강한 매력으로 다가왔다. 화석화된 신앙 고백의 시대에 경건주의는 일반 신자들에게 복음을 의미 있는 것으로 다시 회복시켜 주

었던 것이다.[5)]

루터와 칼뱅 등의 종교개혁자들은 성경을 가톨릭의 전통보다 우위에 두었으며, 명시적으로나 암시적으로 사도신경, 니케아-콘스탄티노플 신경, 칼케돈 신경 그리고 아타나시우스 신경 등과 같은 교부시대의 위대한 신조들을 받아들였다. 헨리와 같은 현대 복음주의자들 또한 마찬가지이다. 정통 신학은 종교개혁 이후인 17세기에 엄청난 양의 저술들을 내놓았는데, 현대 복음주의자들은 이들의 영적 유산에 의지하고 있다. "프랜시스 튜레틴(Franciscus Terrettinus, 1623~87)은 위대한 개혁파 정통 신학자들 중 한 명으로, 그가 쓴 『논쟁 신학 강요 *Institutio Theologiae elencticae*』(1688, 1700)는 프린스턴 신학교에서 교재로 사용되기도 했다. 이를 통해 찰스 핫지의 『조직신학』과 그의 아들인 A. A. 핫지(1823~86)의 『신학 개요』가 나올 수 있었다. 핫지 부자의 저서는 미국에 복음주의의 윤곽을 형성하는 데 가장 큰 역할을 감당했다."[6)]

18세기에 벌어진 복음주의의 부흥이 독일에서는 경건주의, 영국에서는 감리교회의 태동 그리고 미국에서는 대각성운동으로 나타났다. 경건주의는 필립 스페너(Philip Spener, 1635~

---

5) 알리스터 맥그래스, 『복음주의와 기독교의 미래』(서울: 장로교 출판사, 1997), 22-25쪽.

6) Bernard Ramm, *The Evangelical Heritage*, 55f. Patterson, 26쪽에서 재인용.

1705)가 당시 독일 루터교 교회에 새로운 활력을 불어넣기 위해 시작한 운동으로서, 그는 무엇보다도 기독교는 교리뿐 아니라 삶과도 관계가 있다는 점을 강조하려 했다. 기독교란 인격적인 헌신을 요구하는 신앙적인 진리체계이다. 이 운동은 청교도들과 대각성 운동(조나단 에드워즈[1703~58], 조지 휫필드[1714~70], 존 웨슬리[1703~91], 찰스 웨슬리[1707~88]), 그리고 찰스 피니(1792~1875)를 비롯하여 19세기 성결운동에 결정적인 영향을 미쳤다.

개신교 정통은 삼위일체와 그리스도의 양성 교리, 동정녀 탄생, 육체의 부활과 그리스도의 재림, 믿음으로 말미암아 은혜를 통해 구원받음, 인간의 죄성, 인간의 죄를 대속하기 위한 그리스도의 희생, 영감 된 하나님의 말씀이자 교리를 위한 최종적인 규범으로서의 성경 그리고 교회의 주된 과제로서의 전도와 거룩하고 경건한 그리스도인의 삶에 관한 교리를 포함하고 있다. 이는 칼 헨리를 비롯한 대부분의 복음주의자들이 공유하고 있는 신념이다.

그러나 1870년 이후에, 특히 제1차세계대전을 계기로 복음주의는 쇠락의 길을 걷게 된다. 이때에 나타난 혁명적인 변화들이 복음주의적 기독교를 허물고 와해시켰기 때문이다. 어떤 면에서 헨리는 이러한 상황 속에서 기독교를 회복시키기 위해 자신의 삶을 바친 인물이다.

자유주의 신학은 기독교 신앙을 계몽주의의 충격으로부터 보존하기 위한 전략의 하나로 생겨났다. 다시 말해 현대인들이 과학이나 지성, 또는 학문을 희생시키지 않으면서도 동시에 기독교를 믿을 수 있도록 기독교를 재진술하고자 하였던 것이다. 호레이스 부쉬넬(Horace Bushnell, 1802~76)에 의해 시작된 미국의 자유주의 신학은 월터 라우센부쉬(1861~1918), 윌리엄 애덤스 브라운(1865~1943), 윌리엄 뉴튼 클락(1841~1912), 새일러 매튜스(1863~1941), 그리고 로버트 로우리 칼훈(1896~) 등에 의해 확장되었다. 이러한 자유주의는 칼 헨리와 현대 복음주의자들의 주된 논적(the primary foe)이다.

자유주의 신학자들은 전통적인 정통 교리들에 큰 의미를 부여하지 않은 채 이는 얼마든지 논외로 할 수 있다는 입장을 취했다. 이에 더 나아가 그들은 사실상 모든 교리들의 잠정성을 주장하였다. 무엇보다도 그들은 산업화를 통해 가난한 사람들이 처참한 곤경에 빠지는 것을 주목하고, 이에 사회복음(사랑의 윤리를 일정한 집단에게 적용하려는 시도)을 외쳤다. 그리하여 사회복음 운동은 미국에서 자유주의 신학을 대변하는 가장 상징적인 표현이 되었다.

1908년에 보다 자유주의적인 회중들이 교회연합회의(Federal Council of Churches)를 조직하자 자유주의자들과 보수주의자들은 분명히 구분되기 시작했다. 이에 대항하여 보수주의자들은 별도의 조직을 만들었으며, 점차 근본주의 운동으로 굳어지기 시작했다. 이러한 경화에 대항하고 반발하는 분위기가 한창일 때가 바로 칼 헨리가 신학 공부를 시작하던 때였다.

신학적 자유주의자들이 교단 안에 머물렀던 것에 비해 대부분의 복음주의자들은 교단을 떠나는 방법을 택했다. 이들 보수적인 복음주의자들은 주로 '전천년기적 종말론'을 강조하고 무엇보다도 성경의 무오성을 주장하였다. 그리고 극히 소수를 제외한 이들 보수적인 복음주의자들은 그리스도인들이 모든 일반 학문의 영역에서 활동하는 것과, 복음은 사회적인 함축을 지닌다는 사실을 인정하려 하지 않았다. 세계적인 부흥사로 명성을 떨쳤던 드와이트 무디(1837~99)와 그를 이은 빌리 선데이(1862~1935) 등과 같은 부흥사들은 새로운 열정을 가지고 새로운 신앙 연합체를 구성하였다. 부흥 전통에 있어 핵심적인 요소들을 가지고 있었던 또 다른 단체는 감리교 경건주의 전통에서 발전한 성결교회와 오순절운동이었다. 이 운동은 성령의 능력에 의한 신자들의 초자연적인 변혁을 강조하였으며 세상으로부터의 완전한 분리를 강조하였다. 최근에 이르러서야 이들 교단들이 다시금 복음주의자들과 협력하고 있다.

20세기 초에 미국 개신교 역사에서 가장 극적인 사건 중 하나가 일어났다. 신학적 자유주의에 대한 복음주의적인 보수주의자들의 적대감이 '진화론' 거부와 대중적인 부흥운동, 그리고 나이아가라 성경예언회의(Niagara Bible Prophecy Conferences)를 통해 표출되더니 결국 『근본주의자들: 진리에 대한 증언』(1910~15)이라는 소책자를 출판하기에 이르렀던 것이다. 근본주의자들의 핸드북이 되었던 이 소책자는 후에 네 권의 책으로 묶여져 백만 부 이상 배부되었다.

이 소책자에서 소개된 다섯 가지의 신학적 개념은 후에 '신앙의 근본들(fundamentals of the faith)'로 널리 알려졌다. 이는 첫째, 성경의 축자 영감, 둘째, 그리스도의 동정녀 탄생, 셋째, 그리스도의 대속, 넷째, 그리스도의 육체적 부활, 다섯째, 그리스도의 임박한 재림이다. 프린스턴 신학교의 찰스 핫지와 B. B. 워필드(1851~1921) 등의 신학자들이 신학교와 주요 교단(특별히 북침례교와 북장로교)에 대한 통제권을 회복하고자 이 소책자에 글을 기고하기도 했다.

자유주의와의 논쟁 초기만 해도 논쟁적이고 공격적인, 이른바 전형적인 근본주의자의 이미지와는 다른 진정한 학문적인 역량을 가진 보수적인 신학자들이 적지 않았다. 핫지, 워필드, 제임스 오르(James Orr, 1844~1913), 아브라함 카이퍼(1837~1920) 그리고 그레샴 메이첸(1881~1937)과 같은 존경받는 학자들이 자유주의를 진정한 기독교로 인정하지 않았다고 해서 이들을 완고한 사람들로 간주해서는 안 된다. 1920

년 이후에 '근본주의자들'이라는 용어는 현대주의에 대항하면서 종종 전투적인 신학적 보수주의자들을 묘사하기 위해 사용되곤 하였다. 그렇다면 엄밀한 의미에서 본다면 근본주의자는 자신들의 신조에 반대 항목을 추가한 미국의 복음주의자들인 것이다. 교회뿐 아니라 문화를 통제하려는 개신교 교단 내에서의 이러한 전투는 후대의 복음주의에 엄청난 영향을 미쳤다. 칼 헨리와 같은 신복음주의자들이 이러한 전투의 직접적인 산물이라 할 수 있다. 칼 헨리는 근본주의자들의 교리적인 주장에는 동의하지만 그들의 태도에는 동의하지 않았다.

자유주의라는 적들에 대항한 근본주의자들의 쓰라린 투쟁이 가장 잘 드러난 것이 1925년에 테네시 주에서 있었던 '스콥스 재판(Scopes Trial)'이었다. 외형상으로는 공립학교에서 진화론을 가르치지 못하게 하려는 보수적인 그리스도인들의 시도로 시작되어 그들의 승리로 끝이 났지만, 실상은 오히려 대중들의 마음에 근본주의는 시대에 뒤떨어진 억압적인 종교기관이라는 인상을 심어주었기 때문이다. 다시 말해 현대주의가 교단에서 추방된 것이 아니라 도리어 근본주의가 포로가 된 것이다. 그 이후로 '근본주의'는 많은 사람들에게 적개심을 품은 신학계의 싸움꾼(a rancorous theological weed)으로 인식되게 되었다.[7)]

프린스턴의 존경받는 학자였던 그레샴 메이첸은 근본주의

의 대변자로 유명하다. 그는 정통주의와 자유주의는 양립될 수 없으며, 자유주의자들은 교단에서 축출되어야 한다고 주장했다. 메이첸의 온건한 토론 스타일은 오래지 않아 교단정치의 신랄함에 의하여 압도되었다. '보다 순수한' 교육기관을 지원하는 '보다 순수한' 조직을 설립하기 위해서는 사회의 오류와 악으로부터 분리해야 한다는 주장이 점차 더 힘을 얻게 되었고 근본주의는 보다 경직화되었다. 1930~40년대에 한창 대중적인 인기를 끌었던 전투적인 근본주의는 칼 맥킨타이어, 밥 존스 대학, 『주님의 칼』이라는 간행물 그리고 프랭크 노리스(J. Frank Norris, 1877~1952) 등으로 대변된다.

헨리와 그의 동료들은 성경적인 정통 기독교 신앙의 입장을 확고히 했다는 면에서 근본주의와 같은 입장이었지만, 근본주의의 신학적이고 문화적인 난폭함은 거부하였다. 메이첸 밑에서 공부한 해롤드 오켕가는 오늘날 가장 중요한 복음주의 지도자일 것이다. 그는 1942년에 열렸던 복음주의자 전국연합(National Association of Evangelicals)의 초대 의장으로 활동했다. 1947년에는 풀러의 초대 학장이 되었으며, '신복음주의자(neo-evangelical)'라는 말을 처음으로 사용한 인물이기도 하다.[8]

---

7) Patterson, 33쪽.

8) Harold J. Ockenga, "From Fundamentalism, through New Evangelicalism,

신학적으로 보수적인 이 개신교 신학자들(이들은 한때 신복음주의자들로 알려지기도 했다)은 근본주의자들의 극단적인 교회 분리에 반대하였다. 1920년대 이후에도 근본주의자들은 배교자들이나 그들의 친구들과의 협력을 거부하였으며, 사소한 부분에 있어서까지 어떤 류의 타협도 배격했다. 이들과는 대조적으로 헨리와 신복음주의자들은 차이점에 대해서는 학문적인 토론을 통하여 극복하고 가능한 한 협력하고자 노력했다.

헨리와 신복음주의자들은 기독교의 사회적인 측면을 간과하지 않았다는 점에서도 근본주의자들과 차이를 보인다. 물론 신복음주의자들도 보수적이고 애국적이었지만 그들은 보다 적극적으로 사회적인 적용을 진지하게 다루었다. 그들이 전천년설적인 입장을 버린 것은 아니지만 대개 세대주의적인 입장은 배제하였다. 그들은 무엇보다도 문화의 주도자로서의 이전의 역할로 돌아가기를 원했다. 비록 선교가 그들의 주요 활동이기는 하였지만 신복음주의자들은, 교회간의 협력(빌리 그레이엄은 '협력 전도'의 필요성을 주장했다), 학문적인 성장(칼 헨리는 신학과 철학 분야에서 각각 박사 학위를 취득했다), 그리고 정치활동을 통한 사회에 대한 관심 표명 등에도

---

to Evangelicalism," in Keneth S. Kantzer ed., *Evangelical Roots*(Nashville, TN: Nelson, 1978), 35-48쪽.

깊은 관심을 보였다. 근본주의자들이 정통 안에 포함된 일종의 하위 개념의 문화로 전락했던 것에 비해 신복음주의자들은 미국 대중들에게 환영받는 바로 '그 복음주의자들(the evangelicals)'이 될 수 있었다. 그들은 무엇보다도 1950년대에 미국 전역에서 펼쳐진 종교적인 '부흥'을 통해 많은 유익을 얻었다. 빌리 그레이엄의 전도집회를 통해 보수주의 신학교의 학생수가 증가하였던 것이다.

근본주의에 대한 거부

헨리를 포함한 신복음주의자들의 긍정적인 면은 그들이 전통적인 복음주의 신학(미국의 부흥운동과 연계되어 있는 개신교 정통)을 확립시키려 했다는 점이고, 부정적인 면은 근본주의자들의 분리주의를 거부하고자 했다는 점이다. 신복음주의자들의 탄생은 복음주의자 전국 연합(National Association of Evangelicals)이 만들어졌던 1941~43년으로 거슬러 올라가야 한다. 당시 북침례교 신학교의 종교철학 교수였던 헨리는 'NAE'의 진지하고 열렬한 지지자 중 한 사람이었다. 'NAE'는 신학적인 지도력을 갖기 위해 주요 핵심 지성인들을 영입했는데, 이때 헨리는 결과적으로 가장 정확한 대변인의 한 사람으로 등장하게 되었다.

여러 해 동안 헨리는 'NAE'의 일치와 교육, 전도, 그리고 사회 윤리, 전통적인 미국 정통을 지성적으로 변호하는 일(변증학)에 매진했다. 이에 더 나아가 1947년에 풀러 신학교가 설립되고 헨리의 주요 저서가 출간되면서 신복음주의는 하나의 명확한 운동이 되었다.

어느 누구보다도 헨리는 근본주의의 약점을 정확하게 진단해냈고, 이를 확고하게 거부했던 인물이다. 헨리는 근본주의의 몰락을 초래한 원인이기도 한 그들의 "가혹한 성향, 사랑 없음과 투쟁 정신"을 지적하기 위해 『현대 근본주의자들의 불편한 양심 *The Uneasy Conscience of Modern Fundamentalism*』이라는 책을 썼다. 근본주의자들은 자유주의자들의 비진리적인 성향에서는 이단성을 발견했으나 사랑이 빠진 자신들의 모습에서는 아무런 잘못된 점을 발견하지 못했던 것이다.

신복음주의자들의 '선언문(manifesto)'이라고 할 수 있는 이 책에서 헨리는 근본주의자들이 꺼려하던 두 가지 일을 하였는데, 그것은 근본주의의 신학적인 전통을 비판하며, 보수주의자들에게 새로운 방향을 제시하는 것이었다. 근본주의자들의 주된 관심은 정통적인 구원 교리를 보존하는 데에 있었고, 그들은 무오한 성경을 자신들의 제일 방어선으로 선택하기를 원했다. 이와 함께 이들은 성경적이지 않은 철학체계들과 개인의 중생 없는 '사회복음'[9] 그리고 종말 없는 역사철학, 기독교의 절대성을 약화시키는 에큐메니컬 운동을 거부하였다. 이처럼 근본주의자들은 시대의 흐름을 부정하고 거부함으로써 현 상태(status quo)를 유지하려고 하였으나, 그들은 보다 적극적인 세계관을 발전시키는 데 실패함으로써, 종교적인 운동에서 종교적인 사고방식으로 전락하고 말았다.[10)]

패터슨은 헨리가 거부한 근본주의의 세 가지 오류를 다음과 같이 설명하고 있다.[11)] 첫째, 헨리는 근본주의의 태도 또는 '무드(mood)', 즉 동료 신자들에 대한 사랑의 결핍을 거부하였다. 둘째, 헨리는 근본주의자들의 반교육적인 계획을 거부하였다.[12)] 셋째, 그들은 기독교를 삶 전체에 적용하는 데 실패했다.

패터슨은 '열린 근본주의자들(open fundamentalists)'과 '분리주의적인 근본주의자들(separatist fundamentalists)'을 구분하는 자리에서 극단적인 분리주의 근본주의자들뿐만 아니라

---

9) 사회복음에 대한 가장 신랄한 공격은 리처드 니버에게서 나왔다. "진노하지 않으시는 하나님은 죄 없는 인간을 십자가 없는 그리스도의 사역을 통해 심판 없이 천국으로 인도했다" (H. Rchard Niebuhr, *The Kingdom of God in America*[Chicago: Willett Clark, 1937], 193쪽).

10) Patterson, 40쪽.

11) Patterson, 40-42쪽.

12) 마크 놀은 근본주의의 지성적 재난에 대해 논하면서 1930년대 미국의 보수적 복음주의자들이 지성적인 가사(假死) 상태에 빠져 있었다고 말한다(마크 놀, 『복음주의 지성의 스캔들』, 163쪽).

보다 덜 극단적인 '열린 근본주의자들' 또한 사회적인 의식이 결여되어 있기에 어떠한 사회적인 윤리도 제공하지 못하고 있다고 비판하고 있다.[13] 이러한 근본주의의 경향은 세대주의의 영향 때문일 것이다.

1948년에 칼 헨리는 신복음주의자들이 가져야 하는 목표를 아래와 같이 다섯 가지로 소개했다. 첫째, 성경적인 유신론이 지닌 철학적 함축을 명료화하는 것, 둘째, 정당한 사회윤리를 개발하는 것, 셋째, 종말론의 논점에 대해 보다 열린 태도를 증진하는 것, 넷째, 새로운 사랑의 정신과 복음주의자들 사이에서의 에큐메니즘을 증진시키는 것, 다섯째, 교리신학으로부터 성경신학으로 돌아가는 길을 발견하는 것[14] 등이 바로 그것이다.

신정통주의에 대한 거부

신정통주의는 자유주의의 낙관론에 대한 강력한 반작용에서 나왔다. 1890~1914년까지 팽배해 있던 서구사회의 낙관주의는 제1차세계대전으로 무너져버렸고, 이에 대한 일종의

13) Patterson, 44쪽.

14) Henry, "The Vigor of the New Evangelicalism," *Christian Life*(March, 1948) 35-38쪽, 85쪽, (April, 1948) 32-35쪽, 65-69쪽. Patterson, 44쪽에서 재인용.

자극제로서 다음과 같은 깨달음을 통해 신정통주의가 출현하게 되었다. 첫째, 자유주의가 죄의 능력을 진지하게 취급하지 않았다는 점을 인식하게 된다. 둘째, 신정통주의자들은 말하길, 하나님은 자유주의자들이 생각했던 것 이상으로 초월적이라고 했다. 셋째, 자유주의자들이 주장하듯이 하나님은 진정으로 자신을 계시하시지만, 천재적인 직관을 지닌 사람에 의해 역사적인 문맥을 무시한 채 추상적인 개념을 통해 자신을 계신하신 것은 아니다.

인간은 결코 자신의 힘만으로는 하나님에 대하여 어떠한 것도 알아낼 수 없다. 하나님은 하나님을 통하여만 알려질 수 있다. 하나님은 '역사 속의 강력한 행동,' 즉 주로 그리스도를 통하여 자신을 계시하셨다.15)

헨리를 포함한 많은 복음주의자들은 자유주의에 대한 신정통주의의 비판을 통해 많은 것을 배웠으며, 이를 자유주의를 비판하는 데 사용하기도 하였다. 그럼에도 불구하고 복음주의자들은 신정통주의가 자유주의의 또 다른 이름에 불과하며 자유주의와 마찬가지로 위험하다고 생각했다. 예를 들어 헨리는 신정통주의가 성경을 이해하는 문제에서 전적으로 부당한 견해를 가지고 있다고 생각했다. 성경의 역사적인 요소를 거

15) Patterson, 46f.

부하는 성경 비평 방법을 채택한 자유주의자들의 오류를 지적한 것은 옳았으나, 하나님의 말씀을 계시 자체로 인정하지 못한 잘못을 저질렀기 때문이다.

성경은 하나님의 계시에 대한 증언일 뿐만 아니라 계시 그 자체이다. 헨리는 신정통주의가 성경에 대한 불분명한 견해를 가짐으로써 성경의 신뢰성을 훼손시키고 최종적인 결정권을 회중 개개인들의 주관적인 수용과 선택에 두었다고 비판했다.

헨리를 비롯한 복음주의자들이 신정통주의를 거부한 주된 이유 중 하나도 바로 이 같은 그들의 성경관 때문이었다. 하지만 이와 함께 다른 이유도 있었는데, 예를 들면 하나님의 초월성에 대한 신정통주의의 강조(이것은 정당한 것이다)는 그들로 하여금 반대로 하나님의 내재성을 무시하게 하는 잘못을 범하게 하였다는 것이다.

이같이 신정통주의와는 근본적으로 함께할 수 없었음에도 불구하고 헨리를 포함한 많은 복음주의자들이 신정통주의와 한 우물에서 물을 마셨다. 복음주의자들은 "정의가 기독교적인 사랑의 사회적 표현"이라고 말한 라인홀트 니버(Reinhold Niebuhr, 1892~1971)나 20세기의 가장 심오하고 영향력 있는 신학자였던 칼 바르트(1886~1968)로부터 적지 않은 영향을 받았다. 몇몇 복음주의자들은 바르트를 '새로운 현대주의'라며 비판했지만(코넬리우스 반 틸, 존 몽고메리 등), 또 다른 부류의 복음주의자들(콜린 브라운, 버나드 램, 클라스 루니아, 벌카우어, 도널드 블로쉬)은 바르트의 공헌을 정당하게 평가하고자 하였다. 많은 젊은 복음주의자들이 '칼 바르트 학회'(바르트의 작품을 연구하기 위해 해마다 모이는 학자들의 모임)에 소속되어 있기도 하다. 비록 바르트가 아직까지는 복음주의 세계에서 완전하게 받아들여지지 않고 있지만, 그에 대한 관심이 점차 고조되어 가고 있어 머지않아 재평가가 이루어질 전망이다.

그러나 헨리를 비롯한 많은 복음주의자들은 바르트 신학을 여전히 비성경적이라 생각하며 유보적인 입장을 견지하고 있다. 헨리는 특히 "계시 사건과 구별된 자연적인 하나님에 대한 지식은 없다"(계시를 통하지 않고는 하나님을 알 수 없다는 의미)는 바르트의 주장을 좋아하지 않으며, 바르트가 구원으로부터 믿음을 분리시킴으로써 보편구원론을 가르치고 있다는 점을 지적하고 있다. 또한 악의 원인을 마귀적인 죄보다는 무존재(non-being)로 생각하기를 원하는, 악에 대한 바르트의 교리는 성경적이라기보다는 플라톤주의적이라고 비판하였다. 헨리의 관점에서 이 세상은 원수 마귀가 지배하는 곳이며, 하나님과 마귀 사이의 전쟁은 지금도 계속되고 있다. 많은 복음주의자들은 바르트가 인간의 의도적인 불신앙을 심각하게 취급하지 않았다고 비난한다.

결론적으로 헨리를 포함한 대부분의 복음주의자들은 바르트의 성경관에 불안감을 느낀다. 바르트가 성경은 본질적으로는 신뢰할 만하지만, 성경에서 말하는 것이 모두 필연적으로 믿을 만한 것은 아니라고 말하고 있기 때문이다. 복음주의자들은 성경에서 하나님의 말씀이 인간의 언어를 통해 증거되고 있으며, 성경 안에 하나님의 말씀이 체현되어 있다고 말하기를 좋아한다. 그들은 바르트가 성경 숭배를 피하고자 한 것에 대해서는 지지한다. 그러나 복음주의자들은 성경이 진정으로 하나님의 말씀임을 분명히 주장하였다.

한편 칼 바르트는 자신을 종교개혁자들과 신약 성경의 진정한 신앙을 견지하고 있는 복음주의자로 간주했다. 코넬리우스 반 틸이 쓴 『새로운 현대주의 *The New Modernism*』(1946)가 출판되면서부터 바르트는 미국의 복음주의자들 사이에서 좋지 않은 평판을 얻기 시작하였다. 여기서 반 틸은 신정통주의가 진정으로 신현대주의라고 주장했기 때문이다.

칼 헨리는 반 틸과 마찬가지로 바르트에 대해 매우 비판적이다. 바르트는 헨리가 즐겨 비판하는 표적 중 하나이다. 헨리는 영감과 계시에 대한 바르트의 견해가 잘못되었으며 바르트는 비합리주의자라고 경고한다. 그러나 바르트가 비합리주의자라는 비판에 대해 패터슨은, 우리가 『교회 교의학』을 상세히 살펴보면 그런 주장은 부당하다는 것을 알 수 있게 될 것이라고 말한다. 패터슨에 따르면 바르트 스스로도 자신은 결코 비합리주의자가 아니라고 주장하고 있으며, 바르트는 누구 못지않게 논리를 존중하고 끊임없이 계시가 합리적임을 주장하였기 때문이다.[16)]

오늘날의 복음주의

복음주의는 근본주의와 신정통주의의 오류를 비껴가며 고유의 정체성을 형성해 왔지만, 최근에 와서는 자기 정체성의 혼돈에 빠져 있는 듯하다. 일반 대중들에게는 복음주의가 근본주의와 동일한 것으로 비쳐지고 있으며, 일부 복음주의자들은 신정통주의를 정통적인 것으로 수용하고 있기 때문이다. 오늘날 복음주의는 은사운동 복음주의자, 근본주의자, 고백적 복음주의자 그리고 신복음주의자로 나뉘어 있다. 이들은 다시 보수적인 계열과 진보적인 계열, 그리고 전투적인 하위 그룹들로 나뉜다. 물론 이런 가운데도 비트겐슈타인(Wittgenstein)이 말하는 '가족 유사성(family resemblance)'이 다양한 복음주의 안에 존재할 것이다.[17)]

'복음주의'라는 용어가 여전히 반(反)지성주의적인 이미지

16) Patterson, 50쪽.
17) 알리스터 맥그래스, 『복음주의와 기독교의 미래』, 26쪽.

를 풍기고 있다고 주장하는 맥그래스는 복음주의가 신학 연구에 전념하지 않는 이유를 다음의 네 가지로 설명하고 있다. 첫째, 북미 복음주의의 근본주의적인 유산은 한 세대 동안 학문적인 신학과 복음주의가 서로 무관한 것처럼 보이게 하였다. 이러한 복음주의의 근본주의적인 요소는 영국에서는 심각한 고려사항이 되지 않는다. 왜냐하면 영국에서는 복음주의 운동은 학문적인 신학과 오랫동안 밀접한 관계를 가지고 있었기 때문이다. 둘째, 북미의 복음주의는 실용적인 성공을 강조함으로써 신학적인 연구 활동을 등한시했다. 다시 말해 목회와 복음 전도를 수행하는 데 있어 신학의 효능성이 의문시되었다. 셋째, 학문적인 신학은 학문세계의 세속화라는 과제에 부응해야 했기에, 자연스럽게 기독교회의 삶과 관심사들로부터 거리를 두게 되었다. 넷째, 신학은 잠재적으로 엘리트주의로 흐를 위험성을 가지고 있고, 이렇게 되면 대중화된 북미 복음주의의 특성과는 상당한 긴장 관계에 놓이게 된다.[18)]

이러한 복음주의의 반지성적인 특징은 마크 놀에 의해서도 지적된 바 있다. 마크 놀은 복음주의자들이 연구 대학도 없고, 노벨 수상자도 배출하지 못한 점을 언급했다. 그러나 그는 이러한 사실 자체가 중요한 것은 아니라고 말한다. 문제는 복음

18) 알리스터 맥그래스, 『복음주의와 기독교적 지성』, 13쪽.

주의자들이 연구 대학의 필요성조차 느끼지 못하고, 노벨상을 받을 만한 연구 자체를 시도하지 않는 것이라고 주장한다.[19] 마크 놀이 말하는 "복음주의 지성의 스캔들"은 바로 복음주의 내에 팽배한 반지성적인 분위기를 말한다.

현대 복음주의자들은 청교도의 후예들이다. 마크 놀은 우리가 청교도들에게서 발견할 수 있는 가장 소중한 것이 기독교적 지성에 의한 열매들이라고 말한다. 하지만 현대 복음주의자들은 청교도들이 지녔던 하나님 아래에서의 포괄적인 사고, 즉 삶의 모든 영역에 걸쳐 형성된 기독교적 지성을 누리지 못하고 있다.[20]

칼 헨리는 젊은 시절, 사회적인 프로그램의 부재를 근본주의의 가장 큰 문제점 중 하나로 인식하고, 1947년 『현대 근본주의의 불편한 양심』이라는 책을 쓰게 된다. 그의 자서전에서 헨리는 이러한 맥락에서 근본주의자들이 공공의 영역으로 복귀하였음을 지적하고 있다. 1979년에 제리 파웰(Jerry Falwell)을 의장으로 하여 설립된 '도덕적 다수(Moral Majority) 운동'

19) 마크 놀, 『복음주의 지성의 스캔들』, 79쪽.

20) 마크 놀, 『복음주의 지성의 스캔들』, 67쪽. 마크 놀은 "청교도들이 복음주의자들의 지성생활에 끼친 공헌 중 주요한 것은 신학적인 입장뿐만 아니라 지성이었으며, 교회에 대한 자세뿐만 아니라 사회에 관한 일련의 원칙들이었고, 영성뿐만 아니라 세계관이라는 그들의 선물이었다"(같은 책, 66쪽)라고 말하고 있다.

은 보수적인 기독교 행동주의가 정치적인 토론과 공공 정책을 옹호하는 일에 계획적으로 관여하는 전조가 되었다. 초기의 몇몇 도덕적 선언문으로 인해 이 운동이 미국 내 기독교 정부 설립(또는 재설립)[21]을 목표로 한다는 비판을 받기도 했다. 그러나 파웰 목사는 도덕적 다수 운동이 신학적이기보다는 도덕적이라고 발표하였으며, 이에 그리스도인들뿐 아니라 많은 몰몬교도들과 보수적인 유대인들도 이에 협력하고 있다.

1920년 이후 근본주의자들이 문화적이고 공적인 영역에서 퇴각한 것은, 19세기 영국의 복음주의 부흥 기간에 샤프스베리(Shaftesbury)나 허치슨(Hutchison)과 같은 사람들이 보여 준 영향력이나, 노예제도에 대항한 미국 복음주의와는 극적인 대조를 이룬다. 근본주의자들은 경건을 사적인 영역의 문제로 치부하여, 공적인 일에는 무관심한 태도를 보였다. 그리고 이러한 근본주의자들의 잘못이 헨리로 하여금 『현대 근본주의의 불편한 양심』이라는 책을 쓰게 만든 동인이 되었다. 파웰은 그레이엄이나 『크리스채니티 투데이』, 그리고 복음주의 전국연합(NAE)이 주로 주변적으로 다루었던 국가적인 문제들에 대해 분명한 입장을 표명해야 한다는 점을 강력하게 주장하

21) 마이클 호튼, 『미국제 복음주의를 경계하라』, 김재영 옮김(서울: 나침반, 2001) 71쪽. 이 흥미로운 책에서 그는 미국이 단 한 번도 기독교 국가였던 적이 없다며 신랄한 비판을 가하고 있다.

였다.[22)]

2000년 새로운 밀레니엄의 시작과 함께 조지 W. 부시 행정부와 신보수주의(네오콘, Neo-conservatism)가 정치적으로 주목받는 세력으로 등장하였다. 이러한 네오콘의 사상적인 배경이 되는 것으로 근본주의가 지목되면서 그 대표자로 제리 파웰과 빌리 그레이엄이 언론에 등장하고 있다. 얼마 전에 미국 전역에 대두된 안락사 문제에 대한 부시 대통령의 행보가 일부 근본주의적이고 극보수적인 그리스도인들의 표를 의식한 것이라는 비난이 있었다. 근본주의가 사회적인 참여를 통해 목소리를 내는 일이 바람직하다고 볼 수도 있으나 그만큼 위험성도 내포되어 있음을 유의해야 한다. 무엇보다 주의해야 할 것은 교회가 일종의 사회적인 압력 단체와 유사한 형태를 취하게 되는 것이다.

맥그래스는 복음주의의 미래를 전망하며 16세기 후반 유럽에서 있었던 칼뱅주의의 확장과 관련한 일화를 소개하고 있다. 1591년경 칼뱅주의는 유럽 전역에 걸쳐 확실한 성공을 거둔 듯하였다.

> 프랑스에서는 용감한 앙리 4세가, 영국에서는 유능한

22) Henry, *Confessions of a Theologian*(Waco, TX: Word Books, 1986), 385f(이하 '*Confessions*').

> 엘리자베스 여왕이, 스코틀랜드에서는 학식 있는 왕 제임스가, 독일 서부의 팔라티네이트에서는 대담무쌍한 영웅 존 카쉬미르가, 독일 남부의 삭소니에서는 용감하고 능력 있는 선제후 크리스천 1세가, 독일 동부의 헤세 지역에서는 현명하고 신중한 윌리엄이 통치하고 있었다. 이들 모두는 개혁 신앙을 소유한 사람들이었다. 네덜란드에서는 모리스 국왕이 계획한 대로 모든 일이 순조롭게 진행되고 있었다. 우리는 개혁교회의 황금기가 도래했다고 생각하였다.[23)]

그러나 몇 십 년 후 이러한 황금기는 막을 내리고 말았다. 칼뱅주의권 내에서 발생한 사소한 논쟁들이 심각하고도 장기적인 분열을 가져왔기 때문이다. 칼뱅주의에 동조하던 유럽이 정치적으로 불안정한 상태에 빠졌으며, 이후 칼뱅주의는 주로 미국 이민을 통해 그 명맥을 유지하다 뉴잉글랜드 지역에서 다시 그 세력을 얻을 수 있었다. 맥그래스는 복음주의의 위험 요소를 다음과 같이 지적하고 있다. 즉 상호 배타적인 소규모 집단들로 분열된 복음주의 각 분파가 자신들만이 진정한 복음주의의 대표자이며, 다른 이들은 변절했다고 주장할 수 있

---

23) H. Cohn, "The Territorial Princes in Germany's Second Reformation," in M. Prestwich ed., *International Calvinism 1541-1715*(Oxford, 1985), 135-166쪽. 알리스터 맥그래스, 『복음주의와 기독교의 미래』, 211쪽에서 재인용.

다는 것이다. 맥그래스는 "오늘날의 복음주의 역시 같은 길을 걷게 될 것인가?"라는 질문이 바로 복음주의의 미래와 밀접한 관련이 있다고 주장한다. [24]

우리나라에서 복음주의 신학을 흔히 보수 장로교, 감리교, 성결교, 순복음 그리고 침례교를 망라하는 보다 포괄적인 개념이라고 한다면, 개혁신학은 그 중에서도 보수적인 장로교만을 지칭하는 보다 좁은 개념이다. 하지만 복음주의와 개혁신학은 후자가 전자 안에 포함되는 개념이 아니라 서로 겹치는 영역이 있다고 보는 것이 정당할 것이다. 즉, 복음주의적 개혁신학과 그렇지 않은 개혁신학이 있을 수 있고, 개혁신학적인 복음주의와 그렇지 않은 복음주의가 있다고 볼 수 있다. 대개 그 중 복음주의적인 개혁신학을 역사적 개혁신학이라 부르기도 한다.

24) 알리스터 맥그래스, 『복음주의와 기독교의 미래』, 212쪽.

2. 타고난 저널리스트

출생과 가정 환경

칼 헨리는 1913년 1월 22일 수요일에 뉴욕 맨해튼의 독일 이민 가정의 첫아들로 태어났다. 그의 어머니는 칼 헨리를 출산할 때 산고가 심했다고 한다. 그의 어머니 요한나 퍼트레더(Johanna Vaethroether)와 아버지 칼 하인리히(Karl F. Heinrich)는 모두 독일 태생이다. 요리사의 아들이었던 그의 아버지는 빵 굽는 기술자가 되어 1910년경에 미국으로 이민을 왔다. 당시 워싱턴의 유명한 윌라드 호텔의 요리사로 일하며, 후에 뉴욕에 정착하였고, 거기에서 요한나를 만나게 되었다고 한다.

8남매 중 첫째였던 칼 헨리의 완전한 이름은 칼 페르디난도 하워드 하인리히(Carl Ferdinando Howard Heinrich)였다. 1914년에 제1차세계대전이 일어나 미국 내에서 독일 이민에 대한 반감이 커지면서 관련자들은 불안감을 느끼게 되었다. 그래서 뉴욕에 거주하던 독일 이민자들은 이름을 영어식으로 바꾸었다. 칼 헨리의 가정도 '하인리히'라는 성을 버리고 헨리라는 성을 갖게 되었다. 그리고 이때부터 칼 헨리 집안은 가족끼리도 영어를 사용하게 되었다.

교회 생활과 관련하여 칼 헨리는 자신의 가정이 크리스마스와 부활절만 지키는 신자들이었다고 회고한다. 그의 아버지는 루터교 신자였으며, 어머니는 가톨릭 신자였다. 하지만 그의 가정은 가족기도나 식사기도를 하지 않았고, 심지어는 성경조차 없었다고 한다. 칼 헨리가 어린 시절 신앙과 관련하여 기억하는 것은, 그가 매우 아파서 학교에 가지 못했을 때 어머니가 그와 함께 기도했던 일이 전부라고 한다.[25)]

칼 헨리의 부모는 신앙뿐 아니라 일반적인 기준에서도 결코 모범적으로 자녀를 양육하지는 못했던 것 같다. 헨리의 아버지는 요리사였기에 간혹 결혼 축하나 기념일 케이크를 장식하기 위해 밤늦게까지 일하는 경우가 있었다. 어느 날 저녁 아버지는 그 일로 역시 늦은 시각에 집으로 돌아왔다. 그런데 갑자기 소란스런 소리에 칼 헨리는 잠에서 깨어났다. 술에 취

---

25) 칼 헨리와 케네스 캔저, 「21세기를 향한 복음주의 운동을 말한다」, 『목회와 신학』(1998. 11), 239쪽. 자신의 부모에 대해 칼 헨리는 "그분들은 그저 명목상의 그리스도인이셨습니다"라고 말하고 있다.

한 아버지에게 화가 난 어머니가 나무 막대기로 아버지를 때리고 있었기 때문이었다. 이때 겨우 여섯 살이던 칼 헨리는 이 일로 마음에 큰 상처를 입었다.

주일이면 칼 헨리의 형제자매들은 영국성공회의 선교교회였던 메시아 교회의 주일학교에 출석하곤 했다. 성공회교회를 선택한 것은 부모들의 신앙전통이었던 가톨릭과 루터교 사이의 갈등을 해소하기 위해서였다. 칼 헨리의 회고에 의하면 당시 그 교회 목사였던 존 틸리는 매우 경건한 사람이긴 했지만 사역을 효율적으로 이끌지는 못했던 것 같다. 그는 교인들의 관심을 끌기 위해 목사관에서 그들과 함께 카드놀이를 하곤 했으니 말이다. 헨리의 형제들은 심하게 아프거나 눈이 많이 내려 꼼짝도 할 수 없는 경우가 아니고서는 매주일, 먼 길을 걸어 주일학교에 참석했고, 그 덕분에 그들은 항상 개근상을 받곤 했다.

학창시절

1925년에 칼 헨리는 우수한 성적으로 4년제 고등학교에 입학했다. 학창시절 칼 헨리의 주된 고민은 학업이 아닌 육체적인 문제였다. 칼 헨리의 몸은 통제가 불가능할 정도로 불어나기 시작했고, 그의 다리와 발목은 심한 통증으로 류머티즘 증상을 보였기 때문이다. 그에 대한 처방으로 매일 하루에 두 번씩 레몬주스를 마셨지만 그의 상태는 점점 더 악화되어, 결국엔 거의 걸을 수 없는 지경까지 이르렀다. 칼 헨리는 교실 복도를 어기적거리며 기어다녀야 했고 계단을 오르내리는 데도 많은 시간이 걸렸다. 이 때문에 칼 헨리는 당시 자신이 35세까지도 살지 못할 것이라 생각했던 것 같다.[26] 하지만 헨리의 상태를 살펴보던 그의 아저씨 구스는 자신의 경험에 비추어 이렇게 말했다. "너는 류머티즘이 아니라 발바닥의 장심이 무너진 것이란다. 내가 다음 토요일에 브루클린에 가서 장심을 보강해 주는 신발을 사다 주마." 아저씨의 올바른 진단 덕분에 칼 헨리의 건강 상태는 호전되었고, 다시 친구들과 어울릴 수 있게 되었다.

일반적으로 성공회 주일학교에서는 아이들이 12세가 되면 견진성사를 받게 되어 있다. 때가 되어 헨리가 견진성사를 받으려 할 무렵, 교구 목사는 헨리가 유아세례를 받지 않았다는 사실을 알고는 큰 충격을 받았다고 한다. 목사는 서둘러 가까운 친척들을 초대해 주일 오후에 세례식을 거행하였고, 회중들이 모인 가운데 목사는 물을 묻힌 손가락으로 이마에 성호를 그린 후 다음과 같이 선언하였다. "친애하는 여러분 ……

26) *Confessions*, 26쪽.

이 아이는 이제 거듭났으며, 이제 하나님 나라의 약속의 상속자가 되었습니다." 헨리의 아버지는 그날 아침 사례비로 닭을 잡아 틸리 목사에게 주었다.

1926년 11월 9일, 헨리는 마침내 견진성사를 받았고 그 후, 매달 거행되는 성찬식에 참석하는 특권을 부여받았으며, 성실하게 주일학교에 참석하였다. 그러나 헨리는 자신이 거듭나지 않았음을 다음과 같이 고백하고 있다. "나는 사실상 롱아일랜드 전화번호부와 마찬가지로 중생하지 않았었다."[27] 헨리는 여러 번 성찬식에 참석하였다. 그러나 그는 당시의 다른 10대 아이들과 마찬가지로 제도적인 종교의 혜택을 그대로 물려받고 있을 뿐이라는 인상을 지울 수 없었다. 헨리는 자신이 태생적으로 종교개혁의 영향을 받았다고 생각했다. 어머니는 가톨릭 신자였지만 아버지는 루터교 신자였기 때문이다.

학창시절, 헨리의 집안은 경제적으로 넉넉하지 못했다. 고등학교 2학년 봄에 학교에서는 단체로 뉴욕 자연사 박물관을 방문하기로 했다. 학생들은 이를 위한 경비로 10달러를 내야 했는데, 헨리는 그 돈을 준비하지 못했다. 마감일 하루 전날 밤에 헨리는 홀로 거실에 있었는데, 소파 위쪽 벽에는 그의 아저씨가 그린 커다란 그림이 걸려 있었다. 우연히 헨리는 그

---

27) *Confessions*, 26쪽.

그림을 건드렸는데, 마침 그 그림의 액자 뒤에서 누군가가 숨겨놓은 듯한 10달러짜리 지폐가 나왔다. 결국 그 돈으로 등록비를 제출할 수 있었는데, 헨리는 이것을 기도에 대한 응답으로 생각하였다. 이처럼 경제적으로 넉넉하지 못하다 보니, 헨리는 고등학교 시절 25센트의 회비를 내야 했던 야구나 농구 같은 스포츠 활동에도 참여하지 못했다.

1927년 가을, 헨리는 고등학교 3학년(학제상 4년제)이 되었고 통상 3학년 초에 결정되는 진학반과 취업반 중 하나를 선택해야 했다. 그 당시까지 칼 헨리의 가족 중 어느 누구도 대학에 들어간 사람이 없었다. 헨리도 대학에 들어갈 생각이 없었기 때문에 고대어와 외국어, 그리고 작문 등의 수업을 듣는 대신, 타이핑과 속기, 상법을 공부하기로 했다.

고등학교 3학년 때에 이미 1분에 85자 이상을 칠 만큼 타이핑 속도가 빨랐던 헨리는 1928년 가을에 지역 주간 신문인 『이스립 프레스 *Islip Press*』에 문을 두드리게 되었다. 이 신문은, 그 지역 고등학교 학생들의 스포츠 활동을 보도하는 칼럼 한 편에 5센트를 지급하는 조건으로 헨리를 고용하였다. 이로 인해 헨리는 회비를 내지 않고도 자유롭게 스포츠 활동을 참관할 수 있게 되었다. 나중에는 『스미스타운 메신저』와 『이스립 메신저』에서 칼럼 한 편당 7과 2분의 1 센트로 헨리를 고용하였으며, 이로 인해 그는 스포츠 활동뿐만 아니라 일반인들의 관심사와 관련한 기사도 쓸 수 있게 되었다. 한편, 고등학교 3학년을 마칠 무렵, 헨리는 성적이 가장 많이 향상된 학생에게 주어지는 '그 해의 상'을 수상했다.

1929년, 고등학교 4학년 때 부활절 여행을 수도 워싱턴으로 가게 된 헨리는 백악관에서 두 블록 떨어진 '대통령들의 호텔'이라는 윌라드 호텔에 묵게 되었다. 생애 처음으로 수도를 방문하게 된 헨리는 그곳에서 깊은 감명을 받게 되고, 특히 링컨기념관에서 많은 영감을 얻게 된다. 그러한 영감을 바탕으로 헨리는 링컨에 관한 최고의 에세이를 쓴 학생으로 선정되기도 했다. 상으로 올빼미와 수상자 이름이 새겨진 동메달을 받게 되었는데, 원래 시상품은 시계였다가 바뀐 것이어서, 헨리는 이를 고등학교 졸업반 시기 그가 경험한 실망스러운 사건 중 하나로 기억하고 있다.[28]

편집장이 되다

칼 헨리가 이스립 고등학교를 졸업한 1929년 6월 24일은 대공황이 닥칠 무렵이었기 때문에 일자리를 구하기가 쉽지 않았다. 학생들은 자신들의 관심사와 상관없이 생존을 위해

28) *Confessions*, 32쪽.

진로를 선택해야 했다. 헨리는 『이스립 프레스』에서 전임 직원으로도 일할 수 있었지만, 일반 뉴스 기자 자리를 찾았다. 이때 헨리는 평생의 영적인 어머니 역할을 하게 될 밀드레드 크리스티(Mrs. Mildred Christy) 부인의 도움을 받게 된다. 평소 헨리가 취재해 제출하는 기사를 접수하는 일을 했던 크리스티 부인은 뉴스 기자 자리를 찾던 헨리를 위해 『프레스』지의 사장에게 전화를 걸어 헨리와의 면접 날짜를 정해 주었다. 그러고는 헨리에게 "깨끗한 새 셔츠를 입고 가거라. 내가 너를 위해 기도하고 있다는 사실을 기억하라"고 말해 주었다.

이렇게 하여 헨리는 공식적인 저널리스트로서의 삶을 시작하게 된다. 우선은 신문 판촉을 겸한 기자직으로 시작했는데, 신문 판촉일은 생각보다 쉬운 일이 아니었다. 이때 헨리는 뉴스거리를 찾고 있는 기자로 자신을 소개하였고, 이러한 헨리의 전략이 성공을 거두어 그는 『프레스』지에서 주급 12달러를 받는 정식 직원이 된다.

당시 헨리가 일했던 사무실에서 가장 경험이 많은 신문 편집자는 에드워드 헤일리(Edward Haley)라는 인물이었다. 그는 유능한 기자였지만 철저한 무신론자로서, 모든 기사에서 하나님에 대한 언급을 삭제하곤 했다. 편집센터의 중앙에는 큰 휴지통이 있었다. 그 주변으로 편집인들과 헨리를 포함한 타이프라이터들의 책상이 자리하고 있었는데, 헤일리는 기사가 마음에 들지 않으면 어김없이 휴지통에 던져버리곤 했다. 헨리는 기사 작성에 관한 한 그에게서, 책을 통해 배울 수 있는 것 이상으로 많은 것들을 배웠다고 고백한다.[29)]

인쇄에 들어가기 전 최종 단계에서 헨리는 종종 크리스티 부인과 기사를 다듬는 일을 담당하곤 했다. 어느 날 여러 번에 걸쳐 실수를 저지른 헨리가 자신도 모르게 "제기랄(Jesus Christ!)"이라는 말을 내뱉게 되었다. 그러자 크리스티 부인이 안경을 벗고는 정색을 하며 부드러운 목소리로 헨리에게 다음과 같이 말했다고 한다. "칼, 나의 가장 소중한 친구의 이름을 망령되이 부르느니 차라리 내 뺨을 때리도록 하렴." 그 당시 이미 남편과 사별하고 혼자가 된 그녀는 최근에는 10대 아들이 캘리포니아에서 교통사고로 사망하는 아픔을 겪기도 했던 여인이었다. 아들을 잃으면서 그녀는 하나님께 주님 안에서 영적인 아들을 달라고 기도하고 있던 터였다.

이 무렵 헨리는 세속적인 욕망으로 가득해 종교적인 일에는 전혀 관심이 없었다. 당시 자유주의 신학에 경도된 대부분의 목회자들이 설교 시간에 주로 서평이나 여행담을 언급했으며 교인들의 출석률도 저조하였다. 모두가 경제적인 공황으로 허덕이는 때에, 교회는 대중의 영적인 기갈과 함께 실업

---

29) *Confessions*, 35쪽.

문제를 해결해 줄 능력이 부족했다.

젊은 기자로서 헨리는 건전한 호기심을 불러일으키는 주제뿐만 아니라 대중의 이목을 끄는 세속적인 주제에도 눈을 돌렸고, 그러면서 마술에도 흥미를 가지게 되었다. 헨리의 머리를 깎아 주던 이발사는 프로 못지않은 재주를 지닌 마술사였다. 그는 사람들 앞에서 카드로 마술을 부리거나 심지어는 죽은 사람의 혼을 불러올리기도 했다. 또 관 속에 사람이 누워 있는 채로 관을 톱으로 켜는 마술을 행하기도 했으며, 물을 포도주로 바꾸었다가 다시금 물로 바꾸는 마술을 행하기도 하였다.

이 마술사의 조수를 자처했던 헨리는, 그에 대한 기사를 작성하여 신문에 싣기도 하였다. 이 마술사를 통해 헨리는 경마에도 관심을 갖게 되는데, 경마에 손을 댄 첫 해에 헨리는 1백 달러를 잃었다. 액수 자체는 큰 것이 아니었지만 당시의 경제적인 침체 상태를 고려한다면 결코 적은 액수라고만 할 수는 없었다.

헨리는 거의 매주일 마더 크리스티(Mother Christy)와 만남을 가졌다. 신문 발행일에 임박해 기사를 교정하는 일을 하면서, 그녀를 집까지 차로 태워다주면서 헨리는 그녀와 함께 시간을 보내곤 했다. 크리스티 부인은 딸 내외와 살고 있었는데, 그 가정은 헨리를 종종 저녁식사에 초대하곤 했다. 이런저런 기회를 통해 크리스티 부인은 헨리로 하여금 영적인 일에 관심을 갖도록 자극했고, 헨리는 그녀가 말하는 성경의 예언과 장차 이루어질 일에 대하여 경청하곤 하였다.

어느 날 저녁 크리스티 부인은 '거듭남'의 절대적인 필요성에 대해 말했다. "사람이 거듭나지 아니하면 하나님 나라를 볼 수 없느니라." 헨리는 이때 운명의 신이 자신을 향해 손을 내밀고 있음을 느꼈지만 순간, 일반적인 주제로 화제를 바꾸려 애썼다. 크리스티 부인은 많은 지역 교회들이 복음을 왜곡하고 있는 현실을 안타까워했다.

감리교 신자였던 그녀는 교회 내에서 특별한 활동을 하고 있지는 않았지만 다른 몇몇 신자들과 함께 정기적으로 기도 모임을 가지고 있었다. 명목상의 몇몇 성공회 신자들도 그 모임에 함께했다. 이 모임은 프랭크 부크만이 지도자로 있었던 '옥스퍼드 그룹'으로 롱아일랜드 지역에서 그 영향력을 조금씩 넓혀 가고 있었다. 헨리는 종종 그 모임에 초대를 받아 그룹의 리더들이 도덕적이고 영적인 위기와 함께 개인적인 결단에 대해 말하는 것을 듣곤 하였다.

그러나 이 모든 일들은 헨리가 언론인으로 추구하고 있던 목표나 주된 관심사에 비하면 주변적인 것에 불과했다. 헨리는 『표준 뉴스 연합』과 『뉴욕 헤럴드 트리뷴』과 관련한 업무 외에 『뉴욕 매일 신문』에 실을 사건 사고 기사를 작성하는 일을 하며, 사진 기자로도 활동했다. 후에 헨리는 수백 편의 기사를 『헤럴드 트리뷴』에 기고했고, 여기에서 카운티(County, 시와 주 사이에 있는 미국의 행정단위로, 여러 개의 시로 이루어져 있다)의 선거 결과와 그 외 여러 가지 흥미로운 기사들을 작성했다. 이런 점에서 글을 쓰는 일은 헨리에게 있어 단지 생계를 위한 수단(butter and bread)이 아니라 그의 존재 자체(very being)라 할 수 있었다. 1932년에 헨리는 단편 소설 작성법을 가르치는 과정에 등록하게 되었고, 이를 통해 미래의 유망한 작가들과도 친분을 가지게 되었다.

에드 헤일리(Ed Haley)가 1932년 9월 16일, 47세의 나이에 갑작스럽게 심장마비로 세상을 떠나자, 헨리는 『스미스타운 스타 *Smithtown Star*』지의 편집장 자리를 제의받게 된다. 실로 파격적인 제안이었다. 그동안 헨리는 3년 만에 신문사의 견습기자에서 정식기자로, 그리고 보조 편집자를 거쳤다. 그리고 마침내 19세의 나이에 뉴욕에서 두 번째로 큰 카운티의 주간 신문의 편집장이 된 것이다. 아마도 미국 전역에서 가장 어린 나이였을 것이다. 헨리는 자신이 편집장으로 있었던 『스미스타운 스타 *Smithtown Star*』지가 수폴크(Suffolk) 카운티 지역 사회에서 핵심적인 위치에 있었다고 회고한다.[30]

---

30) *Confessions*, 41쪽.

3. 회심

편집장으로서의 역할 외에도 헨리는, 에드 헤일리의 뒤를 이어 『수폴크 에브리 위크 *Suffolk Every Week*』의 협동 편집장의 일을 감당했다. 마술에 대한 호기심도 여전했던 그는 단편소설을 쓰기도 했다. 이를 위해서는 대개 주말 시간을 활용해야 했기에 사회적인 활동은 그만큼 줄어들 수밖에 없었다. 그는 또한 주로 여가 시간에는 영화 감상과 관련한 취미 활동을 하기도 했다. 가끔은 크리스티 부인 집에서 열리는 가정 모임에 참석해, 삶을 바꾸라는 주제로 설교를 하는 리더들의 말에 귀를 기울이곤 했다. 설교 뒤에 이어지는 소그룹 모임을 통해 헨리는 다양한 영역에서 활동하는 사람들이 그들의 위치에서 어떻게 영적인 활력을 얻고 도덕성을 회복하게 되었는가를 나누는 모습을 보게 된다.

이 모임의 전략은 전문 직업에 종사하는 리더들이 복음을 듣고 변화되어, 다른 리더들에게 삶의 모범을 보임으로써 그들을 그리스도에게 인도하는 것이었다. 1933년 5월 초에 헨리는 이 모임에서 왕성한 활동을 하던 펜실베니아 대학교(아이비리그에 속하는 명문대학으로 보통 '유펜'이라 불린다) 졸업생인 진 베드포드(Gene Bedford)를 잠시 만나게 된다.

편집장이 된 헨리는 곧 지역 사회의 실업인들과 전문인들의 모임에 초대되었다. 그 모임에 함께한 사람들은 매주 모여 15분간의 연설을 듣고 1달러짜리 점심식사를 함께했다. 모임의 구성원들은 주로 의사와 변호사, 그리고 성직자와 몇몇 상인들, 두 명의 지역 신문 편집장이었다. 주간 신문 인쇄일 바로 직전에 갖는 이 모임은, 헨리에게는 다리 품을 팔지 않고도 지역 사회가 돌아가는 다양한 소식들을 접할 수 있는 좋은 기회가 되었다.

어느 날, 모임이 끝난 후 한 목사가 헨리를 자신의 집으로 초대하고 싶어 했다. 펜실베니아 대학교 졸업생이 며칠간 자신의 집에 머물기로 했는데, 헨리도 그 자리에 함께하지 않겠느냐는 것이었다. 헨리는 토요일에 그 목사님 집을 방문하기로 약속했지만 약속을 지키지는 못했다. 목사와 주말을 함께 보내게 됨으로써 자신이 지나치게 종교적인 사람이 될 것을 염려했기 때문이었다. 한 주 후에 목사는 다시 헨리를 초대했고, 그 주일에도 헨리는 약속을 지키지 못했다. 그 다음 주일에도 다시 초대를 받았지만 헨리는 계속해서 목사의 집을 방문하지 않았다.

헨리는 비록 십대 중반에 교회를 떠났지만 그 중심에 믿음에 대한 경건한 열망은 남아 있었다. 성공회교회 주일학교에 출석할 당시 헨리는 의자에 놓여 있던 성경을 집으로 가져온 일이 있었는데, 헨리에게는 그것이 그가 소유한 유일한 성경이었다. 헨리는 침대 근처에 놓여 있던 그 성경을 잠자리에 들기 전에 읽곤 했는데, 특히 예수님의 부활에 대한 구절을 반복해서 읽었다.

크리스티 부인은 계속해서 헨리에게 하나님께서는 '거듭남'을 요구하시며 친히 그것을 제공하신다는 점을 상기시켜 주었다. 헨리는 성공회 기도문의 일부를 기억하고 있었지만 기도 생활을 하고 있지는 않았다. 헨리는 당시의 자신의 모습에 대해 다음과 같이 회고하고 있다. "모든 의도와 목적에 있어 나는 이교도였다."[31]

1933년 여름이 다가올 무렵, 헨리는 자신의 소명에 대한 결단을 확고히 하게 만든 일련의 상황에 직면하게 된다. "주간 신문의 편집장, 이것이 나의 미래인가? 뉴욕 일간지의 편집장은 어떤가? 소설 작가는?" 당시 헨리의 책상에는 성공적

31) *Confessions*, 44쪽.

인 탐정 소설가가 제안한 계약서가 놓여 있었다. 6개월 내로 소설을 완성하는 조건을 내건 그 계약서에 헨리는 사인만 하면 된다. 그 당시 헨리는 심지어 정치계에 입문하라는 제안까지 받고 있었다.

6월 초 어느 날 밤, 헨리는 자신의 단편 소설을 스무 번째로 교정을 보고 있었다. 헨리는 그것이 마지막 교정이 되기를 바랐다. 그런데 그때 마침 전화벨이 울렸다. 크리스티 부인이었다. 이스립 부근의 성 마가 성공회교회에서 특별집회가 있는데 그곳까지 태워다 달라는 부탁이었다. 헨리는 시작 시간에 맞춰 모셔다 드리고, 두 시간 후 끝나는 시간에 다시 모시러 가겠다고 대답했다. 그러자 크리스티 부인은 "오늘밤 설교자를 꼭 한번 만나 보았으면 한다. 너와 연배도 비슷하고 매우 활동적인 사람이란다"라고 말하며 헨리를 초대했다.

급하게 단편 소설을 마무리해야 함에도 불구하고 헨리는 크리스티 부인을 실망시킬 수 없어 그러겠노라고 약속한다. 집회에는 약 60명의 사람들이 모여 있었는데 그 중에는 헨리의 고등학교 교장 선생님과 그 지역 사회의 지도자들도 자리했다. 크리스티 부인은 헨리를 설교자에게 소개했다. 설교자는 헨리에게 "당신은 신문 업계에서 일하고 있지요?"라고 물었고, 헨리가 그렇다고 대답하자 그는 "나는 진 베드포드입니다"라고 자신을 소개하였다. 몇 주 전에 헨리가 3주 연속으로 비공식적인 약속을 어겼던, 40킬로미터나 떨어진 마을의 목사관에 묵고 있던 바로 그 사람을 헨리는 예기치 않은 장소에서 만나게 된 것이다.

"당신은 평생 신문사 일을 하실 겁니까?" 베드포드가 헨리에게 물었다. 이 질문은 헨리로 하여금 당시 자신이 고민하고 있던 문제를 다시금 되돌아보게 했다. 그는 불확실한 미래를 생각하며 자신의 선택을 기다리고 있는 여러 가능성을 놓고 고민하고 있었던 것이다. 그래서 헨리는 "나도 알고 싶습니다"라고 솔직하게 대답했다. 그러자 베드포드는 "그렇다면 하나님께 여쭈어 보십시오"라고 말했다. "뭐라고요?" 헨리는 터무니없는 제안에 어이가 없다는 듯 되물었다.

"당신은 하나님을 믿습니까?" 헨리는 조심스레 그렇다고 대답했다. "당신은 하나님께서 당신의 삶을 향한 계획을 가지고 계심을 믿습니까?" 헨리는 처음보다는 조금은 자신 없는 목소리로 그렇다고 대답했다. "그렇다면 왜 당신은 하나님께 여쭈어 보지 않습니까?" 헨리는 그 순간 그 대화를 듣기 위해 주변에 모여 있던 사람들을 의식했다. 그리고 자신이 마치 사람들 앞에서 벌거벗은 듯한 두려움을 느꼈다. 헨리는 "이 문제 대해 언제 한번 당신과 이야기를 나누었으면 합니다"라는 말로 그 대화를 마무리하고자 했다. "언제가 좋을까요?" 베드포드가 물었다. "다음 토요일이 어떻습니까?" 이미 세 번이나 약속이 어긋났지만 헨리와 베드포드는 6월 10일 토요일 아침에 헨리의 사무실에서 만나기로 약속을 정했다.

마침내 약속한 날이 돌아왔다. 헨리와 베드포드는 약 한 시간 동안 기독교적 헌신에 대해 대화를 나누었다. 그리고 좀 더 깊은 대화를 위해 차를 타고 바닷가로 나갔다. 헨리는 흔히 사람들이 자신의 불신앙을 합리화하기 위해 제기하는 질문들을 던졌다. 베드포드는 한때는 불신자였던 자신이 어떻게 하나님과 동행하는 삶을 발견하게 되었는가를 이야기했다. 그리고 이제는 그 복된 소식과 변화된 자신의 삶을 나누지 않을 수 없게 되었노라고 말했다. "하나님은 나를 강압적으로 조종하지 않으셨습니다. 그것은 내가 나의 의지로 선택한 것입니다. 하나님은 우리에게 자유 의지를 주셨습니다."

사실 헨리는 베드포드와의 만남이 있기 전 며칠 동안 조용한 밤에 바닷가로 차를 몰고 가 기도하며 하나님과 씨름하는 묵상의 시간을 가졌었다. 예수님의 부활에 대한 기사를 읽을 때마다 예수님을 감히 믿지도 못하고, 그렇다고 거부하지도 못하는 자신의 모습을 보면서, 마치 자신은 불꽃 주위를 날고 있는 나방과도 같다는 느낌이 들었었다. 인간의 죄를 대속하기 위한 그리스도의 죽음과 '이신칭의(以信稱義)'라고 하는 위대한 성경의 진리들이 온전히 자신의 것으로 받아들여지지는 않을지라도, 헨리는 자신이 신앙적으로 바른 길을 걷고 있다고 생각했다.

그런데 그때 갑자기 폭우와 함께 돌풍이 몰아쳤고, 번개와 천둥이 지축을 흔드는 듯 요란한 가운데 헨리는 차를 몰아 집으로 돌아왔다. 그는 차를 세워 커다란 차고의 문을 열기 전에 맹렬한 폭우가 잦아지기를 기다렸다. 그런데 마침 그때 번쩍이는 번갯불이 커다란 불화살처럼 내리쳐, 헨리로 하여금 운전석에서 꼼짝도 못하게 만들었다. 그 순간 헨리는 본능적으로 위대한 궁사(the Great Archer)이신 하나님이 자신을 향해 말씀하시고 계심을 알게 되었다. 전능하신 하나님께서는 헨리 자신의 힘으로는 스스로를 구원할 수 없으며, 하나님을 통하는 길만이 유일한 소망이라는 사실을 그가 깨닫게 되기를 원하시는 듯했다.

6월, 역사적인 그 토요일에 진 베드포드와의 세 시간에 걸친 대화 끝에 헨리는 마침내 하나님 앞에 무릎을 꿇었다. "나는 헌신할 준비가 되었습니다." 확률 50%의 일종의 도박과도 같은 헌신의 필요성에 대해, "만일 내가 앞으로 나간다면 거기에는 아무것도 없을지도 모른다. 그러나 나는 아무것도 잃을 것이 없다"라는 파스칼의 말을 상기하며, 헨리는 다음과 같이 말했다. "만일 내가 앞으로 나가지 않는다면 거기에는 무언가가 있을지도 모르며, 그러면 나는 모든 것을 잃게 될 것이다." 그러자 베드포드는 함께 기도하자고 말했다.

베드포드는 운전대에 몸을 기대고 기도하였고 헨리는 그 옆에서 무릎을 꿇었다. 헨리는 어떻게 기도해야 할지 몰랐고 긴 침묵만이 흘렀다. 신문 기자에다 편집장이라는 위치에 있었고, 어린 시절 성공회교회에 출석하며 기도문에 익숙한 그였지만, 헨리는 그 순간 적절한 말을 떠올리지 못했던 것이다. 그러자 베드포드가 자신이 먼저 기도를 하고 그 말을 헨리가 따라할 것을 제안했다. 헨리는 그의 말에 동의하고는 베드포드의 주기도문을 한 문장씩 따라 했다. 그리고는 헨리는 자신의 죄를 인정하고, 수년 동안 축적된 악에서 자신의 삶을 깨끗하게 해주시며, 성령께서 자신의 삶을 인도하고 다스리시기 위해 자신 안에 거하시기를 기도했다.

기도가 끝날 무렵 놀라운 일이 일어났다. 헨리는 처음으로, 자신의 죄가 용서받았다는 내적인 확신을 가지게 되었고, 예수께서 자신의 구주가 되시며, 하나님과 친구처럼 교제할 수 있는 관계라는 사실을 확신하게 되었던 것이다. 평화와 기쁨이 헨리의 가슴에 물밀듯 밀려왔다. 자신의 인생의 미래가 또 다른 세계에 닻을 내리고, 그로 인해 자신의 삶이 지탱되고 있다는 확신을 가지게 되었다. 베드포드는 이제 하나님 앞에 잠잠해야 한다고 말했다. "하나님은 우리에게 하나의 입과 두 개의 귀를 주셨습니다. 우리는 우리가 말하는 것보다 두 배로 듣는 일에 주의를 기울여야 합니다. 그리고 그분으로 하여금 우리가 마땅히 해야 할 일이 무엇인지 말씀하시게 해야 합니다."[32)]

헨리는 그의 말대로 잠잠히 기다렸다. 그는 시간이 지남에 따라 하나님의 인도하심을 구하며, 자신의 소명에 관한 문제를 하나님께 의탁했다. 그리고 마침내 헨리는 하나님 앞에서 울음을 터뜨렸다. 그날 헨리는 하나님을 인생의 주인으로 인정하게 된다. 그날 일을 회고하며, 헨리는 "만일 그분이 나를 보내셨다면 나는 그날 당장이라도 그분의 보내심에 순종해 중국이나 어느 곳이든 갔을 것이다"[33)]라고 고백하고 있다.

베드포드가 다시 말했다. "칼, 만일 당신에게 나누어야 할 좋은 소식이 있다면 그 소식을 다른 사람들이 알지 못하는 곳에 숨겨두지 마십시오. 하나님께 그것을 누구와 나눌 것인지 보여 달라고 기도하십시오. 그리고 아침마다 하나님과의 경건의 시간을 가지십시오. 성경을 읽으십시오. 처음에는 「요한복음」으로 시작하는 것이 좋을 겁니다. 하나님의 인도하심을 구하며 기도하고 기다리십시오. 하나님이 말씀하시도록 하십시오. 그러면 하나님께서 당신의 영적인 삶을 풍족하게 하시고, 기쁨으로 갚아 주실 것입니다."

헨리는 곧바로 이 소식을 두 사람과 나누었다. 그 첫 번째 사람은 당연히 크리스티 부인이었다. 그녀는 헨리가 영원한

32) *Confessions*, 46쪽.
33) *Confessions*, 46쪽.

보화를 발견한 것을 매우 기뻐하였다. 그녀는 헨리에게 그날 아침에 있었던 모든 일을 설명하도록 했다. 특히 베드포드가 십자가에 대해 무엇을 말했는지를 알고 싶어 했다. 주기도문은 구원의 근거로서, 그리스도께서 죄인을 대신하여 죽으심에 관해 아무것도 말하고 있지 않기 때문이었다. 게다가 헨리는 베드포드와 십자가에 대해 토론하거나 대화를 나눈 적이 없었다.

그러나 헨리는 크리스티 부인의 염려와는 달리, 그녀에게 인간을 위한 대속제물로서의 그리스도에 대한 믿음을 확신 있게 말할 수 있었다. 또한 오래 전, 성공회교회의 예배에서 들었던 "우리는 그리스도의 흘리신 피를 바라보고 감사합니다"와 같은 구절들을 기억해냈다.

이 부분과 관련해 헨리는 다음과 같이 말하고 있다. "하나님의 섭리 가운데 훔친 성경과 성공회 기도문에 대한 어설픈 기억, 그리고 감리교 신자인 친구[크리스티 부인을 말함-필자주]의 거듭남에 대한 강조, 옥스퍼드 모임 형제자매들의 변화된 삶에 대한 단호한 요청, 그리고 직업적인 소명과 관계된 나의 필요, 은혜와 함께 내적인 확신을 갖게 한 성령의 사역을 포함해, 다양한 요소들을 통해 [나는 그리스도 안에 있는] 구속을 발견하였다."[34]

헨리가 자신의 회심 사건을 고백한 두 번째 사람은 그의 어머니였다. 헨리의 가정은 서로 터놓고 대화를 나누는 분위기가 아니었다. 서로의 감정을 자유로이 표현하지도 않았고 개인적인 문제들을 나누지도 않았다. 헨리가 집에 도착했을 때 그의 어머니는 주방에서 혼자 저녁을 준비하고 있었다. 헨리는 어머니에게 "엄마, 나는 오늘 나의 삶을 예수님께 드렸어요"라고 차분하게 말했다. "뭐라고?" 그의 어머니는 깜짝 놀라 조금은 당황한 어투로 말했다. 헨리는 다시 자신의 삶을 예수께 바쳤다고 말했고, 어머니는 그의 결단을 칭찬했다.

이로써 헨리의 첫 번째 증거가 이루어졌다. 헨리는 재빨리 자신의 방으로 가서 무릎을 꿇고 기도했다. "오, 하나님, 이를 증거라고 하기에는 너무도 부족하지만 그래도 증거할 수 있도록 도와주심에 감사합니다." 그로부터 석 달 뒤에 헨리의 어머니는 성공회 주일학교 교사의 도움으로 그의 삶을 그리스도에게 의탁하게 되었다.

헨리는 친구들과 친척들, 동료 직원들 그리고 이전의 학급 친구들에게 그리스도를 증거해야 할 필요성을 느꼈다. 그래서 그는 즉시 60여 명의 명단을 작성하여 한 모임에 그들을 초대해, 자신이 그리스도를 만난 경험을 소개하였다. 헨리는 이 소식을 자신의 동생들과도 나누었으며 가정 성경공부와 기도

34) *Confessions*, 47쪽.

모임에 그들을 참석시키기도 했다. 또한 헨리는 여러 소그룹에서 자신의 간증을 나누었으며, 이러한 간증을 통해 여러 사람들이 그리스도에게 돌아오는 일도 벌어졌다.

그러나 그의 전도가 항상 결실을 맺은 것은 아니었다. 예컨대 헨리는 『스타』지의 영업 담당자인 조지 모싱을 회심시키는 데에는 성공하지 못했다. 상당히 자유주의적인 장로교회에 출석하고 있던 모싱은, 어린 시절에 덴마크에서 세례를 받았기 때문에 자신은 진정한 그리스도인이라고 확신하고 있었기 때문이다. 헨리의 아버지 또한 독일에서 받은 유아 세례로 인해 자신이 이미 그리스도인이라고 주장하였다.

많은 미국 사람들에게 1933년은 루즈벨트 대통령의 취임과 베이브 루스의 홈런 기록, 그리고 영화 킹콩이 탄생한 시기로 기억되고 있다. 이와 함께 1933년 5월과 6월에 12명의 저명한 목회자를 포함하여 34명의 인본주의자들이 "유신론과 이신론, 그리고 현대주의의 시대는 지나갔음"을 선언했다. 이들은 초자연적인 것을 거부하는 것이 "공통의 선을 위하여 자발적이고, 지성적으로 협력하는 자유롭고 보편적인 사회"라는 목표를 증진시키는 것이라고 선언하였다.

많은 유럽인들에게 있어 1933년은 히틀러가 유대인 수용소를 시작한 해로 기억되고 있는 데 비해, 헨리에게 있어서 1933년은 구주요 주님이신 그리스도를 통한 하나님과의 교제를

시작한 해였다.[35)]

한편, 헨리는 전임 사역자가 되기 위해 대학 진학의 필요성을 느끼기 시작했다. 1934년 봄에 헨리는 예전에 인터뷰를 하곤 했던 스토니 브룩 학교의 교장인 프랭크 게버라인(Frank E. Gaebelein)과 이 문제를 의논했다. 게버라인은 헨리에게 휘튼 대학(Wheaton College)을 소개하며, 그 대학 카탈로그를 내밀었다. 그날 밤 카탈로그를 유심히 살펴보던 헨리는, 기독교 세계관을 강조하는 것에 매료되어 휘튼 대학에 지원하기로 마음을 굳히게 된다.

하지만 대학 진학은 여러 가지 면에서 헨리로서는 실현 불가능한 일이었다. 우선 그의 집안에서는 아직까지 대학에 간 사람이 아무도 없었다. 그리고 당시는 대공황 시기로, 재정적으로도 아무런 대책이 없는 상태였다. 결국 헨리는 1936년 가을까지 대학 진학을 미루기로 한다. 그러나 하나님은 그러한 지연을 허락지 않으셨다. 대학 진학이 하나님의 뜻이라면 하나님께서 분명 모든 것을 공급하실 것이라는 생각에 헨리는 최종적으로 결단을 내렸다.

하지만 과연 현실적으로 가능한 일일까? 헨리는 여전히 불안했다. 그러던 어느 날 밤 그는 기도하는 가운데 응답을 받

35) *Confessions*, 50쪽.

게 된다. 대학에 진학하려면 돈이 필요하다. 만일 이러한 재정 문제를 해결하게 된다면 하나님의 섭리에 대해 보다 잘 이해하게 될 것이다. 헨리는 기도 가운데 자신을 사로잡은 재정적인 확신을 종이에 기록하였다. 즉 타이핑 교수와 신문과 관련한 일을 통해 하나님께서 재정적인 부분들을 채우시리라는 확신이었다. 이때의 심경을 헨리는 다음과 같이 말하고 있다.

> 만일 신비주의가 신약성경에 합당한 용어라면, 그리스도인의 삶에 있어 나는 소위 신비적 측면들에 어느 정도는 항상 개방되어 있었다. 너무나 많은 신학자들이 '그리스도와의 연합'이라는 사도 바울의 가르침을 성급하게 포기해버린다. …… 하나님께서 나의 하나님이 되실 때, 하나님의 계시가 마음뿐 아니라 전체 자아를 꿰뚫을 때, 성령께서 성도들에게 인격적으로 조명하실 때, 하나님과의 역동적인 교제를 통해 영적인 인도를 받을 수 있다. 이러한 인도를 통해 성령께서는 구원받고 새 삶을 살아가는 개인에게 인격적으로 성경의 계시를 보여 주시고 그 삶에 적용하신다.[36)]

1935년 초, 헨리는 가을 학기에 휘튼 대학에 지원한다. 여름 동안 헨리는 믿음과 이성의 기초, 그리고 그리스도의 부활

---

36) *Confessions*, 52f.

의 중요성에 대한 주제로 열린 스토니 브룩 강연에 초대되어 온 올리버 버스웰 박사(J. Oliver Buswell, Jr.)의 강연을 듣게 된다. 버스웰 박사는 당시 휘튼 대학의 학장으로 있었다. 헨리는 그의 강연 내용을 대부분 이해하지 못했지만 적어도 그 강연을 통해 이성 없는 신앙은 크게 가치가 없을 뿐 아니라, 이성은 진정한 신앙의 적이 아니라 동맹자이며, 예수님의 부활은 역사적인 사건이라는 사실을 깨닫게 되었다.

헨리는 자신의 위치를 고려하여, 뉴욕 시의 신문사 편집장들에게 자신의 사임을 미리 통보하는 것이 좋겠다고 판단했다. 헨리는 그들에게 자신의 사임 이유를, 하나님께서 그리스도를 위해 봉사하기 위해 학문적으로 준비하도록 자신을 인도하셨기 때문이라고 밝혔다. 축하와 감사의 편지들이 날아들었고, 『헤럴드 트리뷴』의 편집장 찰스 맥렌든은 헨리에게 다음과 같은 편지를 보냈다. "『포트 제퍼슨 타임스』의 편집장인 칼 헨리 씨는 지난 3년 동안 『뉴욕 헤럴드 트리뷴』의 수폴크 카운티 특파원으로 일했다. 뉴스에 대한 그의 탁월한 판단력과 뚜렷한 주관은 그를 지금까지의 『헤럴드 트리뷴』의 특파원들 중 최고로 만들었다."[37] 이와 유사한 편지가 『뉴욕 타임즈』에게서도 전해졌다.

37) *Confessions*, 55쪽.

1935년 봄과 가을 사이에 헨리는 연방 정부로부터 타이피스트로 일할 곳을 세 군데나 제안받게 된다. 그 중 하나는 워싱턴에 있는 미재무성으로부터의 제안이었고, 또 하나는 수폴크 카운티로부터 제휴사인 라디오 방송국에 속보를 제공하는 일이었지만, 헨리는 두 곳 모두 정중하게 거절하였다.

그 해 여름에 헨리의 어머니와 아버지는 결국 이혼을 하게 된다. 이 사건은 헨리에게 적잖은 충격이 되었고, 신학을 공부하기 위해 준비하고 있던 그에게는 심리적으로 엄청난 스트레스가 되었다.

헨리는 1935년 8월 31일, 휘튼으로 가는 짐을 꾸리고 이것저것 준비를 하기 위해 일주일 정도 미리 신문사의 편집장직을 사임하였다. 헨리가 목회를 준비하면서 휘튼 대학과 신학교에 진학하기 위해 사임했다는 소식이 신문 부고란에 실렸다. 한 신문은 헨리에 대해 다음과 같이 보도했다. "그는 22세의 나이에 롱아일랜드에서 가장 널리 읽히는 주간 신문의 편집장이 되었을 뿐 아니라 뉴욕의 여러 일간 신문을 위해 수폴크 카운티의 뉴스 특파원으로 일했다. 이제 그는 6년 동안 몸담았던 언론사를 떠난다. 그동안 그는 수폴크에서 가장 젊은 편집장이었다."[38)]

---

38) *Confessions*, 56쪽.

신문사를 그만두고 휘튼으로 가기 전, 헨리는 생애 처음으로 심하게 앓아누웠다. 갑자기 급성맹장염에 걸렸고, 헨리의 주치의인 유대인 의사는 즉각 수술을 받지 않으면 안 된다고 말했다. 헨리는 당혹스럽고 혼란스러웠다. 분명 하나님의 뜻은 가을에 대학 공부를 시작하는 것이었고, 그러기 위해서는 2주 후에 수백 킬로미터도 더 되는 거리의 중서부로 떠나야만 했다. 하지만 당시 맹장 수술은 완전히 회복하는 데 상당한 시간이 걸렸고, 그것은 곧 가을 학기 수업을 포기하는 것을 의미했다.

더욱 큰 문제는 이 일로 인해 헨리가 신문사의 동료들이나 친지들에게 전했던 영적인 증거가 그 능력을 잃고 위기를 맞을 수도 있다는 것이었다. 분명한 것은 하나님은 그분의 뜻을 돌이켜 헨리를 이제 막 사임한 신문사로 되돌려 보낼 수는 없다는 것이있다. 이때의 심경을 헨리는 다음과 같이 고백하고 있다. "나는 하나님께서 치유하실 것을 믿었다. 만일 하나님께서 개입하지 않으시면 나의 삶을 향한 그분의 분명한 계획을 망쳐버리고 말 그러한 환경 가운데서 기꺼이 하나님을 시험할 준비가 되어 있었다."[39]

그래서 헨리는 상태가 위급함을 경고하는 의사의 만류에도

39) *Confessions*, 57쪽.

불구하고, 그날 밤을 병원 바깥에서 보낼 수 있게 해달라고 요청하였다. 그러면서 다음날 아침까지 하나님께서 자신의 몸을 치유해 주시지 않는다면 즉시 맹장 수술을 받겠노라며 약속했다. 헨리는 그날 밤을 크리스티 부인 집 근처에서 머물렀다. 그녀의 집에서는 기도의 용사들이 매주일 모임을 갖고 있었다. 깨어 기도하는 사람들이었던 그들은 헨리를 위해 기도해 주었고, 헨리는 한밤중이 지나 기진맥진한 상태에서 겨우 잠이 들었다.

다음날 아침 헨리의 주치의가 그의 복부를 검진하였다. 헨리는 맹장 부위에서도 아무런 고통을 느끼지 못했다. 의사는 헨리의 배를 가볍게 때리다 좀 더 세게 때려보았다. 하지만 여전히 아무런 고통이 없었다. 헨리는 자신의 침대 위에 걸려 있던, 예루살렘을 위해 울고 계신 예수님의 초상화를 가리키며 "의사 선생님, 주님은 선하십니다"라고 말했다. 의사는 직업상 으레껏 하는 말투로, "지금으로선 제가 할 일이 아무것도 없군요. 혹 나중에라도 문제가 생기면 전화 주세요"라고만 말할 뿐이었다.

헨리가 일하던 신문사 내의 몇몇 회의적인 사람들은 헨리가 맹장염 수술을 받은 후에 다시 신문사로 돌아오게 될 것이라고 예견했다. 그러나 그들의 예견은 완전히 빗나갔고, 헨리의 병을 치유하신 하나님의 능력에 관한 이야기가 신문사뿐만 아니라 마을 사람들 모두에게 퍼졌다. 하나님께서는 고난 중에 있는 사람들의 기도와 믿음을 통해 자신의 영광을 드러내셨던 것이다.

> 나는 자연 가운데 치유하는 능력이 있음을 믿는다. 우주는 섭리하시는 창조주께 근원을 두고 그분에 의해 유지되기 때문이다. 그러나 나는 의사들의 능력과 현대 의학에 변혁을 불러일으킨 의료 과학에 경의를 표한다. 나는 또한 마음에 의해 사물이 치유될 수 있다고 믿는다. 회복하고자 하는 환자의 의지는 싸움에서 이미 반은 승리한 것이나 다름없다. 하지만 나는 그 이상의 것이 존재한다고 믿는다. 하나님은 우리가 육체의 가시를 담대하게 이겨내는 것을 통해서도 영광을 받으시지만, 때로는 고통받는 육신을 즉각적으로 치유하심을 통해서도 영광을 받으시는 분이다.[40]

이렇듯 개인적으로 분명한 기적을 경험하게 된 헨리는 하나님께서 자신의 앞날에 필요한 모든 것들을 공급하시리라는 확신을 가지고 휘튼 대학을 향해 떠났다.

---

40) *Confessions*, 58f.

4. 휘튼 대학

휘튼에서 헨리와 같은 기숙사에 있었던 사람들 중에는, 평양에서 고등학교를 졸업한 샘 모펫과 하워드 모펫이 있었다. 이들은 한국인의 '영적 아버지'라는 별명을 지닌 마포삼열(Samuel A. Moffett, 1864~1939) 박사의 아들들이었다. 헨리는 자서전 서문에서 우리나라와 관련하여, 셔츠와 옷 한 벌을 서울에서 샀으며, 자신이 가지고 있는 부드러운 가죽 지갑이 한국제임을 언급하고 있다.[41)]

대학에서의 헨리의 주된 관심사는 수업에 대비하는 것과 일자리를 찾는 것이었다. 어느 날 대학 게시판에 타이핑을 가르칠 교사를 구하는 광고가 붙었다. 이전에 자신이 기도의 응

---

41) *Confessions*, 9쪽. "My beret was bought in Spain, my horn-rimmed glasses in Singapore, my shirt and suit in Seoul; the rest is 'made in America.'" "My eel-skin Korean wallet often carries some spare foreign currency(enough for first-day arrival expenses)."

답으로 받았던 '타이핑 교수'를 떠올리며 헨리는 직접 대학 학생감을 찾아가 그 일자리를 얻고 싶다는 의사를 표했다. 결국 학기 중간에 헨리는 학생들에게 일주일에 5일 동안 매일 네 시간씩 타이핑을 가르치게 되었고, 헨리는 이 일을 대학 3학년 때까지 계속하였다.

헨리는 타이핑을 가르치는 클래스에서 5년 후 자신의 아내가 될 헬가 벤더(Helga Bender)를 만나게 된다. 그녀는 헨리가 졸업반이던 4학년 마지막 학기에 타이핑 기초반에 등록했다. 그녀는 아프리카 카메룬에 파송되어 있던 침례교 개척 선교사의 딸이었다. 비록 나이는 헨리보다 어렸지만 대학에서는 그녀가 헨리보다 상급생으로, 헨리가 휘튼에 신입생으로 입학했을 때 헬가는 졸업반이었다. 헬가는 대학 마지막 학기에 원래는 다른 사람이 가르치기로 되어 있던 타이핑 과목을 선택했는데, 사정상 그의 대타로 헨리가 수업을 맡게 되는 바람에 그의 가르침을 받게 된 것이었다.

헨리는 자신의 수업에 참석하는 학생들에 대해 어느 정도 알고 있었지만 헬가에 대해서는 별로 아는 것이 없었다. 그녀의 성격이 내성적이었기 때문이었다. 휘튼에서 공부하는 동안 헬가는 경제적으로 매우 어려웠다고 한다. 1학년 때 헬가는 엘리스 스폴딩(버스웰 학장의 처제)의 집 지하실에서 스터노캔(깡통에 들어 있는 고체 알코올 연료)에 음식을 해먹을 정

칼 헨리와 그의 아내 헬가의 1940년 결혼 사진.

도였다. 때로는 거리에 떨어진 과일로 허기를 면하기도 했으며, 굶주림으로 여러 번 기절을 하기도 했다고 한다. 헬가는 대학생활 내내 시간당 30센트를 받고 독일어과 사무실에서 일했다. 1940년 8월 17일 금요일, 헨리는 마침내 헬가와 결혼하여 가정을 이루게 된다.

헨리는 휘튼(휘튼은 대학 이름임과 동시에 지명이기두 하다)에 특파원이 없었던 『시카고 트리뷴』에서 일자리를 얻게 되었다. 주당 5달러의 일자리였다. 그러나 그 해 연말쯤에 헨리는 『휘튼 데일리 저널』을 포함한 몇몇 신문에도 기사를 쓰게 되었다. 오래지 않아 『휘튼 데일리 저널』에서 헨리에게 정식 직원 자리를 제안함으로써 1936년 초에 자신이 기도했던 대로 신문사 일을 하게 되었다. 이로써 헨리는 『시카고 트리뷴』과 『휘튼 저널』, 그리고 다른 몇 개의 일간지의 기자로 일하게 되었다.

당시는 미국의 연합 장로교회가 한창 자유주의 또는 현대주의와 관련하여 논쟁에 휩싸였던 시기였다. 그레샴 메이첸

(J. Gresham Machen, 1881~1937) 박사를 비롯한 복음주의 지도자들은 자유주의를 맹공격하였다. 그러한 논쟁의 일환으로 장로교의 한 위원회는 1934년 총회의 명령에 불복종했다는 이유로, 휘튼 대학의 올리버 버스웰 학장을 고발하였다. 총회는 그 위원회의 설립자이기도 했던 버스웰에게 장로교 해외 선교 독립위원회에서 사임할 것을 촉구했으며, 종국에는 이 위원회가 해산되기를 원했다.

대학 당국자들은 버스웰이 관련되어 있는 장로교의 교단적인 논쟁이 휘튼의 학장직과 연계되기를 원치 않았으며, 이러한 장로교단 분규의 영향이 최소화되기를 원했다. 이러한 사실을 알지 못한 채 헨리는 1936년 초에 『휘튼 저널』에 실린 머릿기사를 주제로 버스웰 박사와 인터뷰를 하기도 했다. 버스웰은 총회의 명령이 위헌이라고 판단해 1934년의 명령에 불복했고, 결국 1936년 맥코믹 신학교의 앤드류 제노스 교수의 고소에 의해 성직을 박탈당했나. 곧이어 총회는 이 결정을 추인하였다.

1936년 6월에 미국 장로교회(Presbyterian Church of America) 제1차 총회가 그레샴 메이첸 박사를 총회장으로 하여 조직되었다. 1936년 11월 12일에는 버스웰이 제2차 총회의 총회장으로 선출되었는데, 코넬리우스 반 틸(Cornelius Van Til)의 지명과 칼 맥킨타이어(Carl McIntire)의 재청이 있었다.

휘튼 대학 학장이었던 올리버 버스웰에 대한 헨리의 존경심은 대단했다. 1926년에 휘튼 대학의 학장으로 임명되었을 때 버스웰은 31세에 불과했고, 이로써 그는 미국에서 가장 젊은 학장이 되었다. 자유주의 또는 현대주의와 인본주의가 미국의 여러 기독교 교단 대학들에 스며들기 시작하는 것을 감지한 버스웰은, 존 듀이(John Dewey)의 교육철학에 바탕이 된 반초자연주의적 편견을 분명하게 인식하고 있었으며, 이에 신문들도 버스웰을 듀이의 이론에 대한 비판자로 소개하곤 하였다. 높은 학문적 수준을 강조하던 버스웰의 교육 방침은 10년이 채 못 되어 휘튼 대학의 학생 수가 세 배나 증가하게 만들었고, 휘튼은 일리노이 주에서 교양 과정을 가르치는 가장 큰 대학으로 성장할 수 있었다. 학장이라는 직책 외에도 버스웰은 철학과 성경을 가르치는 윌리스톤(J. P. Williston) 교수이기도 하여, 정기적으로 졸업반 학생들에게 윤리학과 유신론을 가르쳤다. 휘튼에 대한 버스웰의 궁극적인 비전은 기독교 종합 대학을 만드는 것이었다.

휘튼 대학은 기독교적인 세계관이 지적으로도 타당할 뿐 아니라, 현대의 대안적인 사상들이 제시하는 것보다 실체와 삶을 논리적이고 포괄적으로 설명해 줄 수 있다는 확신 가운데 초교파적인 대학으로 성장해 왔다. 휘튼 대학에서는 성경개관뿐만 아니라 유신론과 윤리학 과목도 필수과목이다. 전체적인 지식을 통합하는 중심은 성경과 예수 그리스도를 통해 자신을 계시하시는 하나님이었다. 1860년에 설립된 휘튼 대학의 모토는 "그리스도와 그의 나라를 위하여(For Christ and His Kingdom)"이며, 오늘날 휘튼 대학은 "복음주의의 하버드(the Evangelical Harvard)"라는 별명을 얻고 있다.

헨리는 휘튼에서 칼뱅주의와 알미니우스주의 사이에서 균형을 유지하던 헨리 티이센(Henry C. Thiessen)에게서 신학을 배운다. 하지만 그는 본래 신약 신학자로서, 10여 년 전에 고전적인 현대주의의 죽음을 선언하였던 칼 바르트로 인해 유럽에서 엄청난 격변이 일어났다는 것에 대해서는 아는 것이 없었다. "신정통주의 신학이 성경에 대하여 비평적인 입장을 견지한다는 사실과는 별도로 우리는 바르트라는 신학자가 있다는 사실도 알지 못했다."[42]

헨리는 가장 뛰어난 교수 중 한 사람이었던 고든 클락(Gordon Haddon Clark)으로부터 철학을 배웠다. 클락은 버스웰의 설득으로 펜실베니아 대학교에서 휘튼으로 온 인물이었다. 클락은 버스웰이 학장으로 있는 동안 철학이 가장 인기 있는 전공과목 중 하나가 되도록 한 주인공이기도 하다. 그러나 클락의 일관된 칼뱅주의는 많은 동료 교수들의 반발을 샀다. 역사학

---

42) *Confessions*, 66쪽.

박사였던 레이몬드 에드먼(V. Raymond Edman)이 버스웰에 이어 학장이 되기 위해 선교지에서 돌아왔을 때, 결국 클락은 하나님의 선택에 대한 자신의 주장에 반감을 가졌던 대학 기부자들의 압력에 굴복하여 휘튼 대학을 떠나게 된다.

사람들은 선택에 대한 가르침이 많은 학생들의 선교적인 소명을 잠식한다며 비난했다.[43] 헨리의 기억에 의하면 에드먼은 복음에 대한 열정이 있는 사람으로 학생들 사이에서 큰 인기를 얻었던 인물이었다. 하지만 철학에 대한 헌신도는 버스웰보다 떨어졌다. 예컨대 유신론과 윤리학을 통해서는 결코 어느 누구도 구원에 이르게 할 수 없다고 주장하며, 이전의 필수 과목들을 성경 암송과 영혼 구원 과목으로 대치시켰다.

1936년, 버스웰은 휘튼의 학장으로 재직한 지 10주년을 맞이하였다. 바로 이때 미국 장로교회의 총회장으로 선출된 버스웰과 메이첸 박사 사이에 교회의 순결과 종말론에 대한 분쟁이 야기되었다. 버스웰은 전천년설을 지지하였고 메이첸은 후천년설을 주장하였다. 순결을 강조하면 연합은 깨어지게 되어 있다. 1937년 6월에 의견을 달리하던 몇몇 사람들이 새로운 그룹의 창안을 제안하였고, 1938년 9월에 성경 장로교회

43) 예정론이 과연 선교에 대한 열정을 약화시키는지에 대해서는 보다 심도 깊은 토론이 필요하겠지만, 필자가 생각하기에 예정론을 선교의 열정을 약화시키는 방식으로 이해하는 것은 잘못이다.

의 제1차 총회가 버스웰의 사회로 열리게 되었다. 북장로교와의 불화는 버스웰로 하여금 결국 학장직을 그만 두게 하였다. 영향력 있는 동문들은 대학이 교단적인 논쟁에 연루되어서는 안 된다고 생각하였고, 일부 장로 교인들은 버스웰이 총회와 충돌한 것은 메이첸의 충돌과 마찬가지로 분열을 획책하는 것이라고 생각했다.

이로써 대학 내에 다소 반교단적인 분위기가 자리 잡게 되었는데, 이는 많은 대학에서 신학적인 요소가 쇠퇴하였을 뿐만 아니라 새로이 설립된 정통 장로교회(Orthodox Presbyterian Church)에 동조하는 세력들 때문이기도 했다. 일부 근본주의적인 이사들은 주요 교단에 머물러 있는 보수적인 목회자들을 배교자로 낙인찍었다. 처음에 헨리는 장로교 목사로 안수를 받아 목회를 할 생각이었지만, 이 시기 서로를 정죄하는 분위기와 일방적인 구호, 그리고 기계적인 충성 등에 실망하여 생각을 바꾸게 된다. 이 시간들은 헨리에게 있어서 어둡고 암울한 나날이 아닐 수 없었다. 상처는 쉽사리 치료되지 않았으며, 거대 교단 안과 밖에서 복음주의자들은 계속해서 싸움을 멈추지 않았다. 교수들조차도 심리적인 긴장 상태로 고통을 겪어야 했다.

1940년 1월, 휘튼 대학 이사회는 버스웰의 사임을 요구하였으나 그는 거부하였다. 하지만 결국 버스웰은 이사회에 의해 학장직과 교수직에서 해임되고 말았다.

휘튼에서 쫓겨난 버스웰은 페이스 신학교(Faith Theological Seminary)에서 가르치기 위해 델라웨어 윌밍턴으로 거처를 옮겼다. 그리고 1941년에 쉘턴 대학(Shelton College)으로 알려진 뉴욕 소재 내셔널 바이블 인스티튜트(National Bible Institute)의 학장이 되었다. 그러나 1955년, 칼 맥킨타이어와의 의견 차이로 인해 쉘턴의 학장직에서도 사임하게 된다. 이후 버스웰은 커버넌트 신학교에서 그의 말년을 보내게 된다.

휘튼 대학에서 헨리는 철학을 전공하고, 부전공으로 인류학을 공부했다. 헨리의 주된 관심은 이 세상과 삶에 대한 보다 폭넓은 창을 제공해 줄 수 있는 기독교적인 세계관을 확립하는 것이었다. 철학 공부는 결코 만만치 않았다. 티이센 박사에게서 배운 고대 철학은 이어지는 체계들간의 구조적인 연결이나 단절에 대해서는 거의 이해하지 못한 채 사실적인 자료들을 암기하는 것이 대부분을 차지하였다. 고든 클락에게서 헨리는 중세와 근대, 그리고 현대 철학을 배웠는데, 클락 박사는 단어와 개념, 그리고 문장의 중요성을 집중적으로 탐구하도록 했다. 헨리의 회고에 의하면, 클락이 아우구스티누스나 아퀴나스 또는 스피노자를 가르칠 때면 그들 사상가들이 실제로 살아서 환생한 것 같은 느낌을 가졌다고 한다.[44) 클락은 철학자들이 가진 확신에 대해 제기될 수 있는 모든 반론들을 예상하고 있는 듯했으며, 미리 그에 대해 설명함으로써 철학자들의 입장에서 그들을 변호했다. 또한 학생들이 보다 명쾌하고 논리적인 비판을 가할 수 있도록 유도했다.

1937년 어느 날 헨리는 롱아일랜드를 방문해 몇 주간을 가족들과 보내며 바벨론 제일 침례교회와 의미 있는 접촉을 하게 된다. 그 교회에서의 성경공부를 통해 헨리는 신약성경의 '세례'는 '침례'였으며 오직 신자들만을 위하여 행해졌다는 사실을 확신하게 된다.

헨리는 그 교회 목사에게, 마치 그에 관해 처음 듣는 사람처럼 신자들의 세례에 대하여 상세히 설명해 줄 것을 요청했다. 그러자 그는 예수 그리스도의 죽으심과 장사됨, 그리고 부활하심과의 공적이고 인격적인 하나됨의 차원에서 세례의 의미를 설명하였다. 또한 세례를 통하여 하나님 나라의 새로운 시민권을 얻은 사람으로서 자신을 세상 가운데 증거하는 것이라고 설명하였다. 그 다음 주 주중기도 모임에서 헨리는 침례를 받았으며, 마침내 침례교 목회자가 되기로 결단하기에 이른다. 이러한 결정은 장로교회의 논쟁으로 인해 비교적 특별한 고민 없이 이루어질 수 있었다.

---

44) *Confessions*, 71쪽. "When he taught Augustine, or Aquinas, or Spinoza, he was for a time the living incarnation of each thinker ……"

5. 북침례교 신학교

4학년 봄, 헨리는 자신의 장래에 대해 중요한 결정을 해야 할 시점에 이르게 되었다. 언론 분야와 신학 중에서 고민하던 헨리는 최종적으로 신학을 선택했다. 신학을 전공 분야로 정한 후 그 다음 문제는 학교를 선택하는 일이었다. 헨리는 결국 시카고 서부에 있는 북침례교 신학교(Northern Baptist Seminary)에 지원하였고, 1938년 가을에 목회학 학사 과정에 입학 허가를 받았다.

그 무렵 휘튼에서도 그 해 가을부터 2년 과정의 신학 석사 과정을 시작한다는 발표와 함께, 졸업반 학생들의 진학을 권면하였다. 여러 해 동안 휘튼 대학은 주요 신학교들과 경쟁하는 것을 원하지 않는다는 이유로 신학 석사 과정 개설을 주저했었다. 그런데 필라델피아에 사는 두 자매가 그러한 용도로 상당한 액수의 기금을 휘튼에 기부하였고, 조건은 자신들이 사망하기 전에 그 프로그램이 시작되는 것이었다. 그 중 한 자매가 그 무렵 세상을 떠났고, 남은 한 자매도 건강이 좋지 않았다. 그래서 버스웰 박사는 서둘러 신학 연구 과정을 발족시켰다. 휘튼은 헨리에게 일정 금액의 장학금과 함께 수업료 전액 면제의 조건을 제시하였고, 헨리는 각 과정의 요구 사항들을 면밀히 검토 비교한 후 휘튼과 북침례교에서 동시에 공부하기로 결정했다. 하나는 2년제 신학 석사 과정이었고 또 하나는 3년제 신학 학사 과정이었다.

1938년 8월 12일, 헨리는 우등으로(cum laude) 휘튼 대학을 졸업하고, 첫 해 신학 석사 과정을 공부하기 위해 휘튼에 남았다. 헨리는 논문과 3일 동안의 종합시험을 통과해야 했는데, 논문 주제는 「마태복음」 13장의 비유들에 관한 것이었다.

북침례교 신학교 시절 헨리는 그레샴 메이첸 박사의 『바울 종교의 기원』이라는 책을 읽게 되었는데, 다 읽을 때까지 헨리는 그 책을 손에서 놓을 수가 없었다고 한다. 이렇듯 헨리는 자유주의의 위험성에 대한 메이첸 박사의 지적에 크게 공감하였다.

하지만 신학교에는 사회 윤리를 다루는 과목이 없었으며 이는 헨리가 당시의 복음주의의 약점이 무엇인지에 대해 눈을 뜨게 되는 계기가 되었다. 또한 이는 나중에 『현대 근본주의의 불편한 양심』(1947년)이라는 책의 기본 생각을 제공하게 된다.

1938년 2월부터 헨리는 한 장로교회에서 정기적으로 설교를 하게 되었다. 그 후로 많은 작은 교회들이 헨리를 초청했다. 1940년 여름에는 주급 15달러로 엘름허스트 제일 침례교회에서 임시 목회자로 봉사하기도 했다. 전임 목회자로 청빙을 받은 적도 있었지만 학위를 마칠 때까지 학업에 전념하기 위해 거절했다. 그 이후로도 헨리에게는 설교할 기회가 자주 있었는데, 헨리는 당시의 자신의 설교에 대하여 다음과 같이 자평하고 있다. "나의 약점은 긴 서론과 너무 많은 정보, 그리고 예화가 부족한 것이었다. 당시까지도 나는 사람들이 설교를 보다 잘 알아듣기 위해서는 말하는 것 못지않게 중간에 잠시 멈추는 것도 중요하다는 것을 잘 알지 못하였다. 나의 목소리는 매우 단조로웠으며, 나는 설교를 할 때 목소리를 어떤 식으로 조절해야 하는가에 대해 배운 적이 없었다."[45)]

1940년 11월 23일 추수감사절 며칠 전에 헨리는 어머니가 사망했다는 전보를 받았다. 헨리의 가정은 기본적으로 결속력이 강한 집안은 아니었지만 헨리와 그의 어머니 사이에는 말로 표현하기 어려운 끈끈한 사랑의 관계가 형성되어 있었다. 헨리가 휘튼 대학으로 떠나기 전 어머니는 눈물을 보였었다.

---

45) *Confessions*, 97쪽.

헨리의 어머니는 혹한의 롱아일랜드 겨울에 49세의 나이로 늑막염과 폐렴이 겹쳐 갑작스럽게 심장 마비로 사망하였다. 그때 헨리의 막내 동생은 12세였고, 그 위로 15세, 18세의 동생들이 있었다.

헨리는 1941년 5월, 신학교에서 목회학 학사(B. Div.) 학위를 받았고, 6월에는 휘튼에서 신학 석사(M.A.) 학위를 받았다. 헨리가 신학 공부를 시작할 당시에 국내외의 상황이 좋지 않았음에도 불구하고 헨리는 북침례교 신학교에서 박사 과정을 마치기로 결심했다. 1939년에 이미 노던(북침례교 신학교)은 헨리가 학부에서 영어와 미국 문학 등의 과목을 가르치는 것을 허락하였고, 이후 헨리가 신학 박사 과정을 마치면 신학과 종교 철학을 담당하는 전임 교원으로 채용하기 위해 자리를 마련해 둔 상태였다.

1942년에 헤롤드 존 오켕가(Harold John Ockenga)와 몇몇 사람들을 중심으로 정통 개신교인들의 복음주의자 전국 연합(National Association of Evangelicals)을 출범하기로 합의하였는데, 헨리는 대학원생이었음에도 불구하고 처음부터 그 단체의 대의명분을 지지하였다. 한편 칼 맥킨타이어는 1941년에 서둘러 미국 기독 교회 연합을 조직하였다. 복음주의자 전국 연합이 주요 교단의 복음주의자들을 환영한 것과는 대조적으로, 맥킨타이어는 에큐메니컬과 관련 있는 교회의 목회자들과 평신도들을 변절자로 거부하였다.

1941년 가을, 노던에서 박사 과정 중이던 헨리는 경건하고 헌신된 교사 한 명을 만나게 된다. 그의 이름은 레오나드 루이스(T. Leonard Lewis)로, 후에 헨리의 동료 교수요 소중한 친구가 된다. 루이스는 신학교에서 구약과 신약 신학을 동시에 가르쳤으며 대학원 과정에서는 조직신학을 가르치기도 했다. 루이스와 또 다른 교수 한 명, 그리고 헨리는 조그마한 사무실을 함께 사용하였는데, 때로 그곳에서 열띤 신학 토론이 벌어지곤 하였다.

그 즈음에 헨리와 루이스는 당시 북침례교 교단 신학교의 표준 교재로 사용되던 스트롱(A. H. Strong)의 3권짜리 『조직신학』의 전면적인 개정을 계획하였다. 헨리와 루이스는 이 작업을, 루이스가 당시 급성장하고 있던 헤몬드 제일 침례교회의 목사가 된 이후에도 계속하였다. 루이스가 보스턴 근교에 있는 고든 대학(Gordon College)의 학장이 되자, 보스턴 대학에서 박사 과정으로 철학을 공부하던 헨리는 고든 대학에서 5년 동안 여름 학기 강의를 맡기도 했다. 헨리의 보스턴 대학에서의 박사 논문은 스트롱의 후기 신학적 입장인 인격적 관념론이 미친 영향에 대한 비판적인 분석을 그 내용으로 하고 있다.

1942년 5월 22일에 헨리는 북침례교 신학교에서 신학 박사 학위를 받았다. 박사 학위를 받자 학교측은 약속대로 헨리를 정식 전임 교원으로 채용하였다. 그러나 첫 해 헨리의 연봉은 3천 6백 달러로, 노던에서의 교수 연봉은 형편없는 수준이었다고 한다.[46]

1946년 여름 헨리가 보스턴에 머무는 동안 크리스티 부인이 사망했다는 소식이 전해졌다. 그녀의 가족들은 헨리에게 장례식 예배를 집례해 줄 것을 부탁했다. 헨리는 개인적으로 너무나 많은 빚을 진 한 경건한 여인에게 마지막 경의를 표하기 위해 롱아일랜드로 떠났다.

1940년대 중반 어드먼 출판사는 『리더스 다이제스트』와 같은 유형의 복음주의 잡지를 매달 발행하기 시작하였다. 헨리는 여기에 8개월에 걸쳐 당시의 근본주의를 건설적으로 비판하는 일련의 논문을 싣게 되었다. 그러나 윌리엄 어드먼은 이 논문을 연재 형식이 아닌, 1달러짜리 조그마한 단행본 형태로 출간할 것을 제안하였다. "가격이 1달러 정도라면 사람들은 그 내용에 동의하든 동의하지 않든 사서 읽을 것이다."

46) 미국 노동 통계청(US Government's Bureau of Labor Statistics)에 따라 이를 2005년도 화폐 가치로 환산하면 4만 3천 달러에 해당하는 액수이며, 이것은 우리나라 원화로 연봉 4천 5백만 원 정도에 해당하는 액수이다(http://data.bls.gov/cgi-bin/cpicalc.pl). 참고로 현재 미국 LA 지역에서의 4인 가족 기준 최저생계비는 5만 5천 달러 정도이며 풀러 신학교에서 전임강사로 강의하게 될 때 대략 4만 5천 달러 정도로 시작한다고 한다.

이렇게 해서 1947년에 『현대 근본주의의 불편한 양심』이라는 책이 나오게 된 것이다. 이 책을 헨리는 "그리스도인 친구요 동료"였던 레오나드 루이스에게 헌정하였다. 서문은 파크 스트리트(Park Street) 교회의 헤롤드 존 오켕가 목사가 썼다. 개혁파 학자들은 그리스도인의 이중적인 시민권을 확립했다는 점에서 즉시 헨리의 책을 환영했다. 근본주의가 사회로부터 격리되었다고 느끼고 있던 많은 전통적인 복음주의자들도, 복음적인 혁신에 대하여 근본주의가 보여 준 비관론의 오류를 인정하며 그 책을 환영하였다.

한편, 오켕가는 그 당시 라디오 복음 설교자였던 찰스 풀러(Charles E. Fuller)와 정기적으로 만나 서해안 지역에 새로운 성경학교나 신학교를 시작하는 것에 대해 논의하고 있었다.

6. 풀러 신학교

1947년 5월에 라디오 설교자인 찰스 풀러와 헤롤드 존 오켕가, 윌버 스미스(Wilbur M. Smith), 댈러스 신학교의 신약학 교수였던 에베레트 해리슨(Everett F. Harrison), 그리고 칼 헨리는, 캘리포니아에 1947년 9월 또는 1948년 9월에 복음주의 신학교를 시작하는 것에 대해 토의하고 기도하기 위해 시카고에 있는 팔머하우스에 모였다. 토론 중에 비록 날짜가 급박하기는 하지만 1947년에 학교를 시작하는 것으로 의견이 모아졌다. 풀러의 아버지는 기독교 교육을 위한 기금으로 상당한 금액을 유산으로 남겼는데, 이를 바탕으로 찰스 풀러는 파사데나(Pasadena)에 5와 2분의 1에이커(약 7천 평)에 해당하는 부동산을 매입할 수 있다고 했다. 오켕가는 학장으로, 스미스와 헨리는 주요한 보직을 맡기로 했다.

그들은 같은 비전을 품고, 서두르지 않고 기도하는 가운데 하나님의 인도하심을 기다렸다. 그들이 소망하고 바라던 비전은, 학문적이고 영적인 우선순위를 지키면서 교수들에게 개인적인 연구와 저술을 위한 시간을 부여하는 복음주의 신학교를 만드는 것이었다. 그들은 아무것도 없을지라도 전능하신 하나님은 그러한 신학교를 창조하실 수 있다는 사실을 잘 알고 있었다.

헨리는 첫해에 교무처장으로 임명되었으며, 학장으로 내정된 오켕가는 사정상 첫해에는 부임하지 못했다. 어쨌든 풀러 신학교를 시작하는 첫해에 39명의 학생들 중 27명이 첫 학기에 등록을 마쳤다. 많은 학생들이 빅텐(Big Ten) 대학들과 주요 대학 출신들이었다. 이 중에는 설립자의 아들인 단 풀러도 포함되어 있었다. 그리고 학생들 중 한 명을 제외하고는 모두가 다 전문적인 기독교 사역에 종사하게 되었다.

그러나 학교는 수업 시작 이틀 만에 파사데나 당국으로부터 그 건물을 교육 목적으로 사용할 수 없다는 통보를 받게 되었다. 이때 오랜 기간 동안 레이크 애비뉴 회중 교회(Lake Avenue Congregational Church)의 목회자로 존경받던 헨리 허친스(J. Henry Hutchins) 박사의 도움으로 풀러 신학교는 적당한 장소를 구할 때까지 일주일 내내 교회 건물을 사용할 수 있었다.[47]

9월 말에 오켕가는 풀러 박사와 그 외 교수들과의 회의에 참석하기 위해 파사데나에 도착했다. 10월 1일에 파사데나 시민 회관에서 2천 5백 명의 사람들이 모인 가운데 오켕가는 취임사를 하였다. "서부의 기독교 문화에 대한 도전"을 주제로 연설을 한 오켕가는, 풀러 신학교가 단지 지역적인 노력의 산물이 아니라 주요 교단의 교회와 국가적인 중요성을 지닌 학교라고 선언했다. 그러나 교수들과 학생들의 기대와는 달리 개인 사정으로 처음 3년 동안은 부재(in absentia) 학장이 될 것이라고 발표했다.

당시 오켕가는 밥 존스와 칼 맥킨타이어를 비롯한 근본주의 비판가들이 공격하고 있던 '신복음주의자(neo-evangelical)'라는 용어를 만들어냄과 동시에 그 용어의 사용을 승인하였다. 근본주의 비평가들은, 신복음주의자라는 용어가 성경적인 정통과 소위 '구시대의 종교'의 타협을 의미한다고 주장했다. 실제로 극단적인 근본주의 대변인들은 '신복음주의자'라는 용어뿐 아니라 '복음주의자'라는 용어까지도 사용하기를 거부하며, 풀러 신학교를 비난했다. 교무처장으로서 헨리는 밥 존스(Bob Jones)를 풀러 채플 시간에 초청했고, 그때 밥 존스는 풀러 신학교를 겨냥하여 지적인 자부심에 근거한 지속적인 학

47) 지금도 풀러 신학교의 졸업식은 레이크 애비뉴 교회에서 거행된다. 물론 학기 중에는 교회 건물을 사용하고 있지 않다. 이 교회는 현재 3천여 명이 모이는 대형 교회로 지속적으로 성장하고 있다.

문 추구를 개탄하였다.

연합 장로교회(지금의 PCUSA)는 장로교 출신 교수들이 풀러에서 가르치는 것을 원천적으로 봉쇄하려 했다. 상황이 이렇다 보니 윌버 스미스와 에베레트 해리슨, 그 이후에 윌리엄 라소르와 글리아슨 아처는 교단을 옮겨야 했다. 헨리는 어떤 신학교의 교수들도 초기의 풀러 신학교의 학생들처럼 열정적이고 헌신된 학생들을 만나 보지 못했을 것이라고 회고한다. 초창기부터 풀러의 교수들은 학생들에게 효과적인 복음주의 목회자가 갖추어야 할 지적 능력뿐만 아니라 진정한 증인으로서의 영적인 훈련을 강조하였다. 주요 교단 교회에서 일자리를 찾지 못한 초창기 풀러의 졸업생들은 오히려 기꺼이 먼 선교지에서의 사역을 자원하거나, 작은 소도시 교회들을 맡아 사역했는데, 그 교회들마다 곧 부흥하고 성장하였다.

1948년 9월에는 에드워드 존 카넬(Edward John Carnell)이 고든 신학교에서 풀러로 변증학을 가르치기 위해 부임해 왔다. 카넬과 헨리는 한편으로는 매우 다르지만 또 한편으로는 매우 유사한 면이 있었다. 헨리보다 여섯 살 아래로 갸날픈 체격의 카넬은 엄격한 침례교 목사의 아들로 목사관에서 성장했다. 반면 헨리는 체격도 좋았고, 어린 시절 종교적인 환경에서 자라진 못했다.

이렇듯 영적인 유산이나 여러 면에서 서로 달랐음에도 헨리와 카넬은 휘튼에서 고든 클락 밑에서 함께 철학을 전공하였으며, 헨리는 1938년에, 카넬은 1941년에 휘튼 대학을 졸업하였다. 카넬은 휘튼에서 웨스트민스터 신학교로 진학해 반틸 밑에서 변증학을 공부하였으며, 1944년에 신학사(Th.B.)와 신학석사(Th.M.) 학위를 취득하였다. 그 후 1945년에 하버드에서 신학연구석사(S.T.M.) 학위를 취득하였다. 1944년에 침례교 목사로 안수를 받은 카넬은 1945~46년까지 매사추세츠 마블헤드 침례교회에서 목회 활동을 하면서 1948년까지 고든 대학과 고든 신학교에서 철학 및 종교학 교수로 재직하고 있었다. 1948년에는 하버드에서 일정 과정을 수료하고 「라인홀드 니버의 신학에서의 변증법의 개념」이라는 논문으로 신학박사(Th.D.) 학위를 받았다. 또 1949년에는 「죄렌 키에르케고르의 검증의 문제」라는 논문으로 보스턴 대학에서 철학박사(Ph.D.) 학위를 받았다.

복음주의 정통의 신봉사였던 카넬은 전석으로 성경의 권위를 인정하고, 명제적 계시의 중요성에 민감했다. 이성적으로 일관성 있고 정합적인 기독교 세계관의 옹호자였으며, 전제의 인식론적인 중요성을 강조하였다. 카넬에게 있어 조직신학은 의미론적인 놀이(semantic game)가 아니라 복음주의적인 유신론의 생사가 걸린 중대한 문제였다. 헨리의 회고에 의하면 카넬은 여러 번에 걸쳐 논리적으로 결격 사유가 있는 개신교 자유주의의 종교적 감상에 대한 혐오감을 드러냈다고 한다. 만일 복음적인 개신교를 떠나야만 한다면 현대주의보다는 자신은 가톨릭 사상(비록 나름대로 복잡한 딜레마를 안고 있긴 하지만)에 더 잘 어울릴 것이라고 말하곤 했다.[48)]

1940년대 당시, 복음주의 대학과 신학교들이 서로 협력하기보다는 경쟁 관계에 있던 것과는 달리 많은 복음주의 학자들은 동료 학자들과 서로 연계하고자 하였다. 그래서 몇몇 고든 신학교 교수들, 특히 버튼 고다드, 에드워드 달그리쉬, 그리고 조지 래드(George E. Ladd) 등이 보수적인 신학 연구를 권장할 복음주의 학자 회의 소집을 추진하게 되었다. 25명의 학자들이 이 제안을 추인한 가운데, 1949년 12월 27일과 28일, 오스왈드 알리스, 올리버 버스웰, 고든 클락, 레어드 해리스(R. Laird Harris), 메릴 테니, 메릴 엉거, 코넬리우스 반 틸, 에드워드 존 영(Edward John Young), 그리고 헨리가 신시내티 다운타운의 YMCA에서 모임을 가졌다.

이 모임에서 헨리는 "50년간의 개신교 신학"이라는 주제로 기조 연설을 하였고, 그 모임은 후에 '복음주의 신학협회(Evangelical Theological Society)'로 불리게 된다. 이 협회는 다음과 같은 교리적인 진술을 승인하였다. "성경만이, 그리고 성

---

48) *Confessions*, 121쪽.

경 전체가 기록된 하나님의 말씀으로서 그 원본에 있어 무오하다." 그 후 1969~70년에 헨리는 이 모임의 의장이 된다.

1950년 1월 31일, 풀러의 교수진과 이사회는 간결한 10개 조항의 신앙 선언문을 채택한다. 그 중 두 번째 조항에서 "오늘날 우리에게 주어진 구약과 신약으로 형성된 성경은 전체적으로든 부분적으로든 아무런 오류가 없다. 이들 성경은 기록된 하나님의 말씀으로서, 신앙과 행위에 유일하고 오류가 없는 규칙"임을 확인하고 있다. 10개 조항의 선언문은 "해마다 신조에 서명하는 일은 신성한 위탁이자 신성한 행위이다"라는 서론적인 문구를 가지고 있었다.

교수들과 이사들은 해마다 정식으로 이 선언문을 확인하였다. 10여 년 후의 기록은 그 신조에 대한 다음과 같은 인물들의 공식적인 서명을 보여 주고 있다. 헤롤드 오켕가와 찰스 풀러, 그리고 빌리 그레이임을 포함한 이사들, 레베카 프라이스, 윌버 스미스, 에느워느 카넬, 로버트 바우어스, 조지 래드, 윌리엄 라소르, 에베레트 해리슨, 윌리엄 란츠, 칼튼 부스, 지오프리 브로밀리(Geoffrey W. Bromiley), 클라렌스 로디, 다니엘 풀러, 글리아슨 아처 2세, 해롤드 린드셀, 폴 쥬윗(Paul Jewett).[49] 헨리 또한 1956년에 『크리스채니티 투데이』의 편집장이 되어 풀러를

49) *Confessions*, 124쪽.

떠날 때까지 해마다 그 선언문에 서명했다.

1949년 말에 빌리 그레이엄은 31세의 나이로 로스앤젤레스에서 자신의 복음주의 십자군을 출범시켰다. 그러나 당시 교회 출석률은 저조한 상태였고, 사회적으로도 신앙에 대해 냉소적인 분위기가 팽배해 있었다. 또한 사람들은 복음주의보다는 열성적인 에큐메니컬을 더 선호했다. 이런 상황에서 '로스앤젤레스 캠페인'이 전 세계에 걸친 사역의 시작이 될 줄은 당시로서는 누구도 알지 못했다. 시간이 흐를수록 그레이엄의 십자군은 라디오와 텔레비전 방송을 통해 수많은 사람들에게 도전을 주었으며, 실제로 집회에 참석한 사람만도 9천 4백만에 달했다.

미국 신학교 협의회(American Association of Theological Schools)는 풀러의 첫 졸업생이 배출될 때까지 풀러 신학교의 학위 인정을 유보하였다. 하지만 이러한 요구 조건이 충족되자 미국 신학교 협의회(AATS)는 사전 심의를 위해 자유주의 신학이 주류를 이루고 있던 유니온 신학교의 다니엘 데이 윌리엄스를 풀러에 파견하였다. 윌리엄스는 풀러의 교수진에게, 교리적인 선언문의 서명을 요구하는 교육 기관이 학문적인 자유를 유지할 수 있는지를 물었다. 그러자 카넬은, 유니온 신학교에서 무신론자도 교수로 받아들이는지를 되물었다. 윌리엄스가 그렇지 않을 것이라고 대답하자 카넬은 풀러나 유니온 신학교 모두 나름의 선을 갖고 있으며, 단지 서로 다른 곳에 그 선을 긋고 있을 뿐임을 지적하였다.

7년 동안 부재 학장을 지낸 오켕가는 1954년 가을에 파사데나로 이주할 것이라고 말했다. 그러나 동부에 있는 그의 가족들과 그의 목회지였던 파크 스트리트 교회는 오켕가가 파사데나에 정착해 풀러의 학장이 되는 것에 반대했다. 가을 학기가 시작될 무렵, 오켕가와 풀러는 헨리를 불러 학장을 재임명하는 일을 의논하였다. 오켕가와 풀러는 카넬 박사를 천거하면서 헨리의 의사를 물었지만 헨리는 다음과 같은 이유로 반대했다. 만일 카넬이 학장이 되면 기금 조성과 같은 행정 업무에 몰두하게 될 것이며, 이로 인해 풀러 신학교는 탁월한 학자요 인기 있는 교수를 잃게 된다는 것이었다. 하지만 오켕가는 헨리를 돌아보며 다음과 같이 말했다. "우리는 카넬로 결정을 했네. 자네는 카넬과 여러 해 동안 좋은 친구로 지내고 있는 것으로 아네. 그를 도와주길 바라네." 헨리는 마지못해 동의했다. 이로써 카넬은 풀러의 첫 전임 학장이 되었다.

카넬이 학장으로 취임한 지 첫해가 지난 1955년 초여름에 새로운 복음주의 잡지를 태동시키려는 움직임이 있었고, 이로써 결국 『크리스채니티 투데이』가 탄생하게 된다. 윌버 스미스가 편집장 자리를 거절하자 헨리의 이름이 거명되었다. 그러자 1955년 6월 5일, 빌리 그레이엄은 넬슨 벨(Nelson Bell)

에게 세 가지 문제를 제시하는 편지를 보냈고, 그 편지의 사본을 윌버 스미스와 하워드 퓨(J. Howard Pew, 1882~1971), 그리고 헨리에게도 보냈다. 그레이엄은 우선 헨리에게 찬사를 보냈으며, 자신이 염려하는 문제점들을 헨리가 잘 해결할 수 있으리라 생각했다.

그레이엄이 제시한 세 가지 문제는 ① 이 잡지의 주된 목적이, 근본주의자들에게 읽혀지고 그들을 기쁘게 하는 것이 아니라, 혼란에 빠진 자유주의자들이 성경의 권위를 받아들이도록 하는 것임을 헨리가 바르게 이해하고 있는가? ② 헨리는 근본주의자로 잘 알려져 있다. 그러므로 편집장의 이름을 1년이나 2년 정도 C. S. 루이스나 J. B. 필립스와 같은 가명을 사용하는 것이 어떤가? ③ 헨리의 학자적인 성향이 누구나 편하게 읽을 수 있는 이 잡지의 색깔과 잘 맞을 것인가라는 것이었다. 그레이엄은 그 잡지가 신학교 교수들이나 대학에 속한 지성인들이 아닌 『크리스천 센츄리 *Christian Century*』의 독자들을 주 대상으로 하고 있음을 강조하였다. 그러나 어쨌든 빌리 그레이엄은 넬슨 벨과 마르셀루스 킥(Marcellus Kik)을 보조 편집자로 하고, 헨리를 편집장(editor-in-chief)으로 하는 가능성을 보다 적극적으로 제안하였다.[50)]

---

50) *Confessions*, 141f.

그레이엄은 현안이 되고 있던 잡지와 복음주의에 관한 문제를 함께 토론하기 위해 헨리를 노스 캐롤라이나에 있는 자신의 집으로 초대하였다. 당시는 어느 때보다도 에큐메니컬이 유행처럼 확산되고 있던 때였다. 연합된 개신교회를 지지하는 정서가 1940년에서 1955년까지 40퍼센트에서 50퍼센트로 상승하였으며, 38퍼센트의 목회자들이, 성경은 전설과 신화를 포함하고 있다고 믿고 있던 때였다. 그날 헨리와 그레이엄이 논의한 것 중에는 그레이엄이 꼭 필요한 것(a must)이라고 믿었던 기독교 대학의 출범도 포함되어 있었다. 그는 새로운 잡지가 이러한 필요에 대한 관심을 배양시킬 수 있을 것이라 생각했다. 그레이엄은 헨리에게 이 잡지가 '그레이엄 십자군(Graham crusades)'에 대한 건설적인 비판의 소리도 보도할 자유가 있음을 주지시켰다.

7. 『크리스채니티 투데이』

1955년 초에 헨리는 자유주의로 편향된 『크리스천 센츄리』의 성향을 바로잡기 위한 새로운 복음주의 잡지 편집 일을 제의받았다. 그때 헨리는 휘튼 대학 재학 시절(1928)에 경험한 한 사건을 떠올렸다. 당시 휘튼의 학생처장이었던 윌리스 에머슨 박사는 졸업생 세 명을 초대하여 함께 식사를 나누는 자리를 마련했다. 그 자리에서 에머슨 박사는 세 학생들에게 그 당시 기독 교회에서 가장 필요한 것이 무엇이라 생각하는지를 질문했었다.

아시아에서 기독교가 재무장할 필요가 있다고 대답한 샘 모펫은 평생을 한국에서 선교사로 일했으며, 아시아 기독교 역사에 관한 주요한 작품을 쓴 저자가 되었다. 데이튼 로버트는 라틴 아메리카에 복음주의가 들어서야 한다고 대답했다. 그는 라틴 아메리카 선교회 창시자의 딸과 결혼하였고 코스타리카에서 평생토록 선교사로서 리더십을 발휘했다. 마지막으로 헨리는 『크리스천 센츄리』에 대응할 만한 복음주의 기독교 잡지의 필요성을 언급했다. 당시로서는 그런 잡지를 만드는 일 자체가 무모한 일처럼 보였고, 그에 대한 지원은 상상도 할 수 없는 일이었다.

중국에서 의료 선교사로 사역하고 있던 넬슨 벨 박사(후에 빌리 그레이엄의 장인이 됨) 또한 점차 미국 장로교회의 영적이고 신학적인 변질의 문제를 고민하게 되었다. 1894년생인 벨은 버지니아 의과대학을 졸업하고 외과의사로 석사 과정을 공부한 후 1916~41년 동안 칭키앙푸(Tsingkiangpu)에 있는, 중국에서 가장 큰 장로교 병원에서 주임 외과의로 봉사하고 있었다. 그는 당시 점차 확산되고 있던 성경적인 정통으로부터의 이탈에 대한 그레샴 메이첸 박사의 강연을 듣고 감명을 받았던 인물이었다.

1941년에 노스 케롤라이나 애쉬빌로 돌아온 벨은 네 개의 지역 병원에서 외과 과장으로 일하면서 지도자들과 미국 장로교회에도 보수적인 잡지가 필요하다는 의견을 나누며, 그들과 활발하게 서신을 주고받았다.

그로부터 10년도 더 지난 1954년 크리스마스 날, 빌리 그레이엄과 그의 아내 룻 벨(이들은 1943년 결혼했다)은 넬슨 벨 박사의 집을 방문하였고, 벨과 빌리 그레이엄은 『크리스천 센츄리』에 대항할 만한 복음주의 잡지의 필요성에 대한 의견을 나누었다. 이후 넬슨 벨은 빌리 그레이엄 복음주의 재단으로부터 도움을 받아 복음주의 지도자들과 접촉하면서 – 거의 1천 명에 가까운 사람들 가운데 대다수가 긍정적인 반응을 보였다 – 이러한 생각을 발전시켜 나갔다. 이 사람들 가운데는 선 오일(Sun Oil)의 석유 왕 하워드 퓨(Howard Pew)[51]도 있었는데 처음에 그는 이 일에 특별한 관심을 보이지는 않았다.

1955년 말, 이 계획의 가능성을 확신한 그레이엄과 벨은 필라델피아에 가서 퓨와 이러한 논의를 진전시켰다. 그러한 잡지를 통해 설교자들이 시사적인 교양 강좌 수준에서 돌이켜 다시금 성경을 기초로 한 설교를 할 수 있다면 이는 꼭 필요한 일이라며, 퓨는 2년 동안 매해 15만 달러를 제공하기로 약속했다. 1955년 7월 초에 헨리는 당시 유럽에 머물고 있던 그레이엄으로부터 잡지의 편집장으로 일할 수 있는지를 묻는 편지를 받았다. 헨리는 그레이엄이 유럽에서 돌아온 이후에도 같은 마음이라면 기꺼이 그 문제를 생각해 보겠다는 답신을 보냈다.

---

51) 1948~79년까지 조성된 '퓨 자선 기금(The Pew Charitable Trusts)'는 지금도 여러 귀한 일들을 감당하고 있다. 필자는 미국 신학교에서 퓨 장학 재단에서 신학 관련 장학생을 모집하는 광고를 여러 번 본 기억이 있다.

한편 기독교계에서는 이상한 루머가 퍼지고 있었다. 교단의 몇몇 성직자들은 당시 풀러 신학교가 교단 신학교들과 경쟁하고 있었으므로 그 잡지 또한 지나치게 신학적으로 공격적이면서도 교회 일치를 방해하는 것이 되지는 않을까 우려했다. 어떤 사람들은 헨리가 관여하는 한 그 잡지는 반교단적인 특성을 지니게 될 것이라고 말하기도 했다. 헨리가 북침례교 신학교에서 초교파 신학교인 풀러로 옮긴 전례가 있다는 것이 그 이유였다. 신학적으로 중립적인 입장에 있는 인물이 협동 편집자로 임명되어야 한다는 목소리도 있었다.

같은 해 8월 18일, 헨리는 그레이엄과 벨에게, 그 잡지가 신학적으로 순수한 의도에 걸맞게 순조롭게 시작되지 않는다면, 자신은 풀러의 교수직까지 포기하면서까지 그 잡지의 편집장으로 일할 가치와 정당성을 느끼지 못할 것이라는 내용의 편지를 보냈다. 그 달 말엽에 헨리와 그레이엄은 노스 캐롤라이나에서 몇 가지 주제에 대해 의견을 나누었다. 그들은 『크리스채니티 투데이』와 휘튼 대학, 그리고 풀러 신학교 간의 관계에 대한 문제를 이야기했고, 잡지에 실을 논문은 감상(sentiment)이 아닌 가치(merit)를 기준으로 받기로 했다. 또한 잡지가 발간되는 첫해의 기고자들의 명성과 교단적인 입장이 특별히 중요하다는 사실을 강조하였다.

1955년 9월 5일, 마침내 이사회가 구성되었다. 이사회는

『크리스채니티 투데이』 초대 편집장(1956~69) 시절의 칼 헨리.

헨리를 편집장으로, 마르셀루스 킥(Marcellus Kik)을 보조 편집자로, 넬슨 벨(Nelson Bell)을 실행 편집자로 선출하였다. 1956년 4월 1일경에 출판 사무소를 개원하고, 10월 1일에 창간호가 발간되는 것으로 잠정 합의했다. 잡지명은 『크리스채니티 투데이』로 정했다. 이는 한때 약 2천 5백 명의 독자를 가진 메이첸의 잡지명이었지만 당시로서는 폐간된 상태였기에 아무런 문제가 되지 않았다.

헨리가 풀러 신학교에 온 첫 해에 헨리는 윌버 스미스가 마르셀루스 킥의 『계시록 20장』이라는 책에 관해 심히 우려하고 있음을 알게 되었다. 킥은 그 책에서 적극적으로 후천년설을 지지하였기 때문이었다. 스미스는 이러한 킥의 입장이 이 잡지에 불리한 영향을 미치지나 않을까 염려했다. 스미스는 "두 번에 걸친 세계대전, 아직 완전히 사라지지 않은 원자 폭탄과 수소 폭탄, 그리고 러시아라고 하는 강력한 정부 …… 지구상 인구의 3분의 1이 하나님은 존재하지 않는다고 말하고 있음에도 불구하고 천년왕국을 향해 진보하고 있다는 환상을 조장하는 후천년설 지지자가 보조 편집자로 있는 그런 출판물과는 관련을 맺고 싶지 않다"고 말했다.

킥은 호프 대학(Hope College)[52]을 졸업하고 2년 동안 프린스턴 신학교에 다녔으며, 그 후 웨스트민스터 신학교를 졸업하였다. 미국 개혁 교회(Reformed Church in America)의 목회자였던 킥은 성경의 영감과 권위에 대해 확고한 신념이 있었으며, 그레샴 메이첸(후천년설을 주장했다)과 오스왈드 알리스의 옹호자였다. 처음부터 편집자들은 『크리스채니티 투데이』가 주요한 문제들에만 집중하고 부차적인 차이점들에 대해서는 가볍게 다룰 것에 합의했었다. 이를 상기한 윌버 스미스는 킥에 대한 반대 입장을 철회하고 협동 편집자로서 창간호부터 지속적으로 『크리스채니티 투데이』를 도왔다.

1955년 여름과 1955~56년 학기 동안에 헨리는 풀러 신학교에서 『기독교 개인 윤리 *Christian Personal Ethics*』라는 책의 마지막 장을 완성하는 일에 집중하고 있었다. 본래 계획은 이 책과 함께 『현대 근본주의의 불편한 양심』의 후속편이라 할 수 있는 기독교 사회 윤리에 대한 자매편을 쓰려 했지만 『크리스채니티 투데이』 일 때문에 그 일에 착수하는 일이 계속

---

52) 대표적으로 로버트 슐러가 이 대학 출신이다. 네덜란드 개혁파 계열의 대학 가운데 칼빈 대학(Calvin College)과 쌍벽을 이루는 학교이며, Western Seminary와 같은 캠퍼스에 있다.

지연되었다. 헨리와 함께 편집 일을 하기로 한 사람들이 편집에 관한 전문가들이 아니다 보니 점차 보다 많은 업무가 헨리의 몫이 되었던 것이다.

1956년 5월 11일, 풀러 신학교의 마지막 수업을 끝낸 후 학기말 시험 채점까지 마친 헨리는 온전히 잡지에만 열중했다. 5월 말에는 1년 동안 워싱턴으로 갈 수 있는 기회를 얻었다.[53] 설립 교수로서 10년을 풀러에서 가르친 헨리에게 동료 교수들이 1년 동안의 안식년을 허락한 것이다.

창간호의 인쇄일은 1956년 10월 8일로 정해졌다. 출판일과 잡지 발송일은 그로부터 일주일 후로 잡았다. 9월 중순에 헨리는 오켕가로부터 퓨(Pew)가 창간호의 내용을 사전에 살펴보기를 원한다는 사실을 알게 되었다. 오켕가는 이러한 절차가 반드시 필요하다는 입장이었다. 이전에도 퓨는 자신이 후원하기로 했던 잡지가 약속한 것과 다른 내용의 글을 실은 일로 여러 번 감정이 상한 경험이 있었기 때문이었다. 오켕가는 있는 그대로의 보습을 보여 준다면 문제될 것이 아무것도 없을 것이라고 말했다.

그러나 이 일로 헨리는 즉시 넬슨 벨에게 다음과 같은 편

53) 미국에서의 학년은 우리나라와는 달리 가을 학기를 시작으로 하여 봄 학기로 마치게 된다. 그래서 그 해 8월 말이나 9월 초에 한 학년이 시작되어 그 다음 해 5월이나 6월에 학년이 끝난다.

지를 썼다. 만일 퓨에게 일종의 사전 검열을 받아야만 한다면 즉시 『크리스채니티 투데이』 편집장직을 사임하겠다는 내용이었다. 헨리로서는 편집의 자유 없이 잡지를 만들 의사가 없었다. 퓨가 이러한 불신을 갖게 된 데에는 『크리스채니티 투데이』 발행에 대한 공식적인 발표가 있을 당시, 『영원 *Eternity*』 이라는 잡지의 편집장으로부터 칼 헨리가 사회주의자라는 말을 전해 들었기 때문이었다.

넬슨 벨은 빌리 그레이엄에게 헨리의 사임 의지를 알렸고, 그레이엄은 퓨에게 전화를 걸어 만일 편집자들이 이사회에 그 내용을 사전에 검열받는다면 잡지가 정상적으로 발행될 수 없다고 말했다. 또한 이사회는 편집장이 마음에 들지 않을 경우 해임할 권한을 가지나, 일단 편집장을 선택했다면 그를 신뢰하고 지지해야 한다고 말했다. 결국 퓨가 그레이엄의 말에 동의함으로써 사태는 일단락되었다.

『크리스채니티 투데이』의 창간호에 실린 첫 논문은 네덜란드 개혁파 신학자인 벌커우어의 「유럽 신학의 변화하는 기상도」라는 제목의 논문이었다. 다음은 빌리 그레이엄의 「복음주의에서의 성경의 권위」라는 논문이었다. 그리고 헨리의 「서구에서의 자유의 허무함」이라는 논문이 그 뒤를 이었다. 발행인란에는 49명의 협동 편집인(contributing editor)과 73명의 특파원들의 이름이 열거되었는데, 이들은 수백 명 중에서 특별히 선택된 인물들이었다. 그 중 익숙한 이름들을 열거해 보면 오스왈드 알리스, 벌커우어, 지오프리 브로밀리, F. F. 브루스, 고든 클락, 프랭크 게버라인, 빌리 그레이엄, 필립 휴즈, 헤리 젤레마, 사무엘 모펫, 헤롤드 존 오켕가, 버나드 램, 윌버 스미스, 네드 B. 스톤하우스, 존 스토트 등이 있다.

헨리는 여기에 C. S. 루이스의 이름을 올리지 못한 것을 유감으로 생각했다. 헨리는 루이스에게 협동 편집인으로서가 아니라 매달 편지 형식으로 글을 기고해 주기를 부탁했던 것이다. 당시 기독학생회(Inter Varsity) 출판부는 루이스가 몇 가지 점에서 복음주의 정통에서 벗어나 있었으므로 루이스의 저작물을 많이 출판하지는 않았다. 하지만 루이스는 기독학생회로부터 기고를 부탁받을 때마다 이를 거절하지 않았고, 『크리스채니티 투데이』의 발행에도 관심을 보였다.

그러나 루이스는 자신이 신학의 매개체로서 소설을 통해 이 역할을 감당할 때가 되었다고 생각했다. 그로부터 몇 년 뒤에 루이스는 『크리스천 센츄리』에 신학적인 글들을 게재하였고, 그 글들은 책으로 출간되었다. 헨리는 루이스에게 그의 신학적인 입장이 『크리스천 센츄리』보다는 『크리스채니티 투데이』와 더 맞는다는 점을 상기시켜 주었다. 그에 대해 루이스는 "만일 내가 그들의 대의명분을 돕는 일을 했다면 유감스럽게 생각한다"라는 말로 답했다.

11월 7일, 헨리를 비롯한 편집자들은 이사회에 다음과 같은 내용을 보고하였다. 22,827명의 구독자가 이미 구독 신청을 끝냈으며, 추가로 2천 명의 구독 신청이 진행 중에 있으므로, 총 24,827명의 정기 구독자가 확보되었다는 것이다. 이 중 4천 명 이상이 3년 구독 신청자였다. 헨리는 논리적이고 학문적인 것에 관심이 없는 구독자들의 성향을 염려했다. "평신도 독자들의 비율이 많아질수록 『크리스채니티 투데이』를 우리의 목적과는 반대되는 일종의 『크리스천 라이프』나 『월간 무디 *Moody Monthly*』와 같은 잡지로 바꾸려는 압력이 더 커질 것이다."[54]

1957년 2월 7일에 편집자들은 이사회에 유료 구독자가 3만 5천 명이 조금 안 되는 숫자이며, 이것은 『크리스천 센츄리』의 구독자와 비슷한 수준이라고 보고하였다. 이사회는 『크리스채니티 투데이』의 발행 부수를 16만 권으로 낮추기로 결정하고, 예산을 매달마다 3만 9천 달러로 삭감하였다.

1957년 봄에 헨리는 풀러 신학교 교수직에 복귀할지, 아니면 1년을 더 『크리스채니티 투데이』의 편집장 일을 할지를 고민하게 되었다. 스미스, 해리슨, 아처와 린드셀 등 풀러의 동료 교수들은 헨리가 학교로 복귀하기를 종용하고 있었다.

---

54) *Confessions*, 166쪽.

한편 미국 신학교 협의회(AATS)는 기대했던 것과는 달리 풀러 신학교의 정식 인가를 보류했고, 처음으로 지원 학생수가 눈에 띄게 줄어들었다. 신학교 내에서는 조금씩 교수들과 직원들의 마찰이 불거지기 시작했으며, 외부 기부금도 점차 줄어들고 있었다.

그러나 이러한 상황에서도 풀러의 교수들은 복음주의 신학에 대한 연구와 더불어, 어느 보수 신학교의 교수들보다 활발하게 저술활동을 펼치고 있었다. 이는 학기당 8시간의 강의 시수와 두 달간이나 주어지는 방학 기간과 무관하지 않았다. 그러나 그만큼 큰 영향력을 미치는 데 방해가 되는 교수간의 마찰이 생겨나기 시작했고, 다수의 교수들이 은퇴를 앞두고 있었다. 또 어떤 교수들은 학교에 적대적이었다. 린드셀은 이러한 문제들이 일시적인 것이며 자신은 학교를 떠날 계획이 없다고 헨리에게 말했다. 비록 풀러 신학교 재단에서는 기부금을 삭감했지만 퓨는 15만 달러를 풀러에 기부했다.

헨리는 당시 풀러의 학장이었던 카넬에게 『크리스채니티 투데이』에서 1년 더 헌신하기 위해 휴직을 연장해 줄 것을 요청했다. 헨리가 휴직을 허락받은 후 린드셀은 풀러 신학교에서의 안 좋은 소식들을 헨리에게 털어놓았다. 카넬이 학장직에 오른 이후로 우드브릿지(Charles J. Woodbridge)는 카넬과의 개인적인 갈등으로 교회사 교수직을 잃었으며, 학교의 품위도 떨어졌다. 그리고 재정 상태도 약화되었다고 말이다. 린드셀은 카넬이 자금 모금의 임무를 맡지 말았어야 했다고 말했다.

오랜 동안 지도자의 위치에 있었던 오켕가로서는 나름대로 사람들을 적재적소에 배치하는 능력이 있었다. 그러나 오켕가가 카넬을 풀러의 학장으로 세운 것은 헨리가 우려했던 대로 잘못된 선택이었다. 카넬은 행정적인 업무와 자금을 모금하는 일에는 전혀 준비가 되어 있지 않았다. 시간이 지나면서 카넬은 그러한 일들에 혐오감을 느끼게 되었고, 결국 1959년 5월에 건강이 악화되고 계속되는 긴장감으로 인해 학장직을 사임하기에 이른다. 그러다가 1960년 1월 4일까지 안식년을 허락받은 카넬은 안식년이 지난 후 변증학 전임 교수로 풀러에 복귀하였다. 풀러 신학교는 카넬에 이어 학장직을 수행할 사람을 찾다가, 2년 후에 오켕가가 나시금 풀러의 부재 학장이 되었다. 이는 1963년에 데이빗 허바드(David Hubbard)가 풀러의 학장이 될 때까지 계속되었다.

『크리스채니티 투데이』를 관망하고 있던 보수적인 학자들 – 그 중에는 프린스턴 신학교의 브루스 메츠거(Bruce M. Metzger)가 있다 – 이 이 잡지에 기고를 하기 시작했다. 헨리는 매 주마다 직원들에게 그들에게 부여된 놀라운 기회와 책임을 상기시켰다. 헨리는 빌리 그레이엄조차도 16만 명의 개신교 목회자들에게 2주일마다 말할 기회를 가질 수는 없을 것임을 강조하였다. 1957년 10월, 3만 8천 명의 유료 구독자와 함께 『크리스채니티 투데이』는 두 번째 해를 시작하였다. 이는 『크리스천 센츄리』보다 4천 명이 더 많은 숫자였다.

지금까지 칼 헨리의 생애를 복음주의 신학의 대변자로서 주로 연대기적 순서에 따라 살펴보았다. 그의 어린 시절, 언론인으로서의 빠른 출세, 극적인 회심과 그 이후 휘튼 대학과 북침례교 신학교에서의 학업에 관한 것을 살펴보았다. 그 이후 자신의 모교에서 잠시 교수로 재직한 헨리는 풀러 신학교에서 9년 동안 교수로 사역하였으며, 『크리스채니티 투데이』라는 잡지의 편집장으로 1947년부터 1968년까지, 12년 동안 재직하게 된다. 헨리가 34~55세까지 혼신의 힘을 바쳐 헌신했던 두 기관이 바로 풀러 신학교와 『크리스채니티 투데이』라고 말할 수 있을 것이다.

이후의 헨리의 생애도 드라마틱한 면이 없지 않지만 두 기관에서 몸담았던 시절만큼 세간의 관심을 끌었던 때는 없었을 것이다. 서문에서 필자가 밝힌 것처럼 사람들은 '칼 헨리' 하면 풀러 신학교와 『크리스채니티 투데이』라는 잡지를 떠올리게 된다. 그러므로 이후의 헨리의 생애에 대한 것은 마지막 장에서 다루기로 하고, 다음 장부터는 헨리의 신학적인 사상을 간략하게 살펴보고자 한다.

헨리의 사상은 주로 1947년에 출간된 『현대 근본주의의 불편한 양심』과 1957년 출간된 『기독교 개인 윤리 *Christian Personal Ethics*』, 그리고 6권의 『신·계시·권위』를 중심으로 다루고자 한다. 헨리의 주된 저서라고 할 수 있는 『신·계시·권위』는 1976년 초에 처음 두 권이 동시에 출간되었다. 뒤이어 계속해서 1979년에 3권과 4권이 출간되었으며, 1982년 말에는 5권이, 1983년 초에는 6권이 출간되었다. 『현대 근본주의의 불편한 양심』과 『기독교 개인 윤리』를 중심으로 헨리의 윤리 사상을 살펴본 후, 『신·계시·권위』를 중심으로 헨리의 변증학과 성경관, 그리고 신론을 차례로 살펴볼 것이다.

8. 기독교 윤리

헨리는 자신이 받은 신학 교육만을 가지고는 신학교에서 윤리를 가르칠 수 없었다. 헨리가 다닌 대학이나 신학교에서는 그로 하여금 성경적인 윤리나 계시 윤리에 관심을 가질 만한 교육 환경을 만들어 주지 못했기 때문이었다. 또한 그가 박사 과정 중에 있을 당시 교수들은 특별 계시에 근거한 윤리에 거부감을 가지고 있었다. 헨리 또한 자신이 공식적으로 교수직을 수행한 초창기만 해도 기독교적인 도덕에 별 관심을 보이지 않았다고 고백했다.

그가 교수로 재직해 있는 동안 헨리는 두 가지 확신을 갖게 된다. 하나는, 사변적인 윤리학의 무능력과 열매 없음은 주로 계시의 윤리를 통한 자기 강압적인 분리에 기인한다는 것이다. 또 하나는, 세상 사람들이 해답을 찾으려는 도덕성의 문제들과 무관하게 될 때 기독교 윤리는 빈곤해진다[55]는 것이었다. 1957년에 헨리는 615쪽에 달하는 윤리학 책 『기독교 개인 윤리학 *Christian Personal Ethics*』을 출간하였다. 이 책에서 헨리는 현대의 인간 가치의 상실과 기독교적 구속의 영역에서 회복할 수 있는 희망을 진단하였다. 이 책에서 헨리는 이러한 두 가지 확신을 특별히 개인적인 윤리의 영역으로 확대하고 있다.

기독교 개인 윤리에서 헨리는 성경에서 하나님은 인간의 도덕적인 행동에 대해 자신의 뜻을 계시하셨다는 것에서 시작한다. 헨리는 처음 120쪽을 할애해, 자신의 변증적인 성향에 맞게 사변적인 철학(자연주의, 관념론 그리고 실존주의)은 현대인의 도덕적인 상실감을 회복시켜 줄 수 없다는 것을 보여주고 있다. 대개 세속 윤리학은 인간 스스로가 도덕적인 딜레마로부터 벗어날 수 있다고 생각한다. 반면 계시에 근거한 윤리학은 선을 하나님과 하나님의 뜻과 동일시한다.

아가페(agape)는 하나님의 명령이다. 하나님의 뜻으로서의 아가페는 산상수훈에 열거되어 있으며, 전체 신약성경은 창조와 시내 산(십계명), 그리고 산상수훈의 윤리를 강조하고 있다. 그리스도의 죽으심(속죄)은 기독교 도덕의 전제가 된다. 예수님은 모든 윤리적 행동의 이상이시다. 이후 헨리의 책은

55) Carl F. H. Henry, *Christian Personal Ethics*(Grand Rapids: Eerdmans, 1957), 16쪽.

복음주의 학파에서 기독교 윤리에 대한 표준 교과서가 되었으며, "복음주의 관점에서 쓰인 개인 윤리학에 대한 최고의 책"이라는 찬사를 받고 있다.[56)]

개인적이고 공적인 정의는 헨리의 신학에 있어서 통합적인 부분이며, 핵심적인 사상이다. 또한 그의 성찰과 저술에 있어 주된 주제이기도 하다. 『크리스채너티 투데이』의 편집장으로 있을 때 헨리는 많은 논문들을 통해 아가페와 사회적 정의 사이의 관계를 소개하였다. 헨리의 충고는 정치적으로는 자유주의보다 보수주의에 가까웠지만, 그는 주저하지 않고 도덕적인 투쟁에 뛰어들곤 했다.

1947년에 출간된 『현대 근본주의의 불편한 양심』이라는 헨리의 책은 복음주의의 사회적인 관심을 보여 주는 주된 자료가 되었다. 헨리는 "복음주의자들은 점차적으로 사회적인 관심과 복음 전도 간의 관계, 그리고 사회 윤리가 어떤 프로그램을 함축해야 하는가에 대한 의견 차이를 보이는 것 같다"[57)] 고 말하고 있다. 헨리는 1973년에 몇몇 젊은 복음주의자들이 시카고 선언을 발표하도록 지도하고 돕기도 했다. 이 선언문은 미국 내에서 자행되고 있는 불의를 강력하게 고발하고 있

56) Patterson, 154쪽.

57) Carl F. H. Henry, *Evangelicals in Search of Identity*(Waco, Tex.: Word Books, 1976), 57쪽.

으며, 모든 복음주의자들은 그들의 사회적인 의무를 감당하라고 요청하고 있다. 여섯 권으로 된 『신·계시·권위』는 사실상 복음주의자들에게 지역 교회를 벗어나 하나님의 세계에 책임감을 가질 것을 간절히 호소하고 있다.

헨리에게 있어 하나님은 기독교 신학의 고유한 주제이다. 그리고 이 주된 축으로부터 구원론과 종말론뿐 아니라 사회윤리에 대한 모든 토론이 시작된다. 의와 사랑은 동일하게 하나님의 궁극적인 속성이다. 헨리는 "사회 윤리 영역에서 세상에서의 정부 역할은 하나님의 뜻에 의해 재가되고 명문화되며 지지되고 있는 인간 권리와 의무에 대해 관심을 가지며 정의를 유지하는 것이다. 그에 비해 세상에서의 교회 역할은 본질적으로 구속적이요 박애적이어서 인간의 영적인 필요에 깨어 있어야 한다"[58]라고 말한다.

이는 사랑이 정치적이고 사회적인 정의를 바로잡아 주어야 한다는 것을 의미한다. 이러한 평등한 정의로 이루어진 새로운 사회에 도달하기 위해서 우리는 인간으로 오신 사랑의 나사렛 예수에게로 돌아가야만 한다. 예수 그리스도는 그의 삶을 통해 하나님의 나라를 현시하셨으며, 부활을 통해 하나님이 의도하신 이상적인 인간을 형상화하셨다. 이러한 내용은

---

58) Carl F. H. Henry, *Aspects of Christian Social Ethics*(Grand Rapids: Eerdmans, 1964), 47쪽.

하나님 나라에 대한 거듭난 교회의 성찰에서 발견할 수 있다.

내적으로 하나님의 나라는 인간의 마음을 하나님의 법에 일치시키는 것을 포함한다. 예수님은 현존하는 질서를 무시하는 전적으로 새로운 세계를 설립하셨으며, 교회는 그 능력에 도전하도록 부름받고 있다. 이들 현존하는 권세와 능력들은 처음에는 하나님을 섬기도록 창조되었지만 이제는 자신들을 절대적인 존재로 고양시키기 위해 반역적인 행동을 취하고 있으며, 인류를 노예로 삼고 신자들을 하나님의 사랑으로부터 분리시키고 있다. 예수 그리스도는 교회를 이 세상의 공중 권세를 잡고 있는 능력들로부터 해방시키셨으며, 그러므로 교회는 진리와 의와 자비의 삶을 실천해야 한다.

복음주의적인 교회들은 자신들도 실천하기를 거부하거나 실패하는 규정들(알콜, 낙태, 인종 차별, 주거 환경 등과 관련하여)을 세속세계에 부과하면서도 온전한 의미에서의 선교적인 사명은 무시했다. 하나님은 교회를 통해 세계를 변화시키신다. 이러한 변화는 교회가 사회를 향해 새로운 구조를 강요함으로써 이루어지는 것이 아니라, 교회 스스로가 새로운 사회가 됨으로써 성취된다.

복음주의자들은 사회 정의를 성취하기 위해 전통적으로 각기 다른 네 가지의 전략을 주장하곤 했다. ① 신자들이 이 사회 속에서 선량한 시민의 일원으로 그 사회 구조에 순응해야 하지만 무엇보다 중요한 것은 '복음을 전하는 일'이라고 선언하는 '보수적인' 입장이 있다. ② 신자들이 사회 정치적인 체제를 지지하고, 전도가 교회의 우선적인 사명이지만, 이에 더해 사회 정의를 완수하는 것도 병행해야 한다는 '완화된' 입장이 있다. ③ 전도와 사회적인 의무는 동등한 동반자적 관계이며, 설교를 통한 개인의 회심과 동시에 사회적인 정의를 위하여 사회적인 행동을 통한 정치적인 변혁을 추구하는 것이 공통적인 우선순위를 차지한다고 말하는 '개혁파적인' 입장이 있다. ④ 모든 정치적인 능력과 정부 기관들을 의심하는 재세례파에 의해 형성된 '과격파적인' 입장이 있다. 이들은 철저한 제자도와 공동체적인 삶, 그리고 사회 비판에 전념한다. 또한 이들은 세속적인 삶에 대한 대안적인 방식으로 교회의 삶을 구축하려 한다.

헨리는 '보수적인' 견해나 '과격파적인' 견해가 지금까지 사회를 변화시키는 데 효과적이지 못했다고 인식한다. 헨리는 '완화된' 입장과 '개혁파적인' 입장에 호감을 느끼지만 최종적으로는 어떤 진영에도 가담하지 않는다. 헨리의 마지막 가정은, 세상 가운데 임재하시는 하나님은 사회를 그 적들로부터 구하려는 인간의 노력에 깊이 관여하고 계시며, 그리스도인 역시 그리스도의 대리자로서 이 세상에서 헌신할 의무를 지니고 있다는 것이다.

스탠리 그렌츠는 칼 헨리의 기독교 윤리를 “성경적 지침에 대한 감사의 순종”이라는 말로 표현하고 있다.[59] 1947년 당시 시카고에 있는 북침례교 신학교의 젊은 교수였던 헨리는 『현대 근본주의의 불편한 양심』이라는 작은 책 한 권을 출간했는데, 이것은 마치 포위된 근본주의 진영에 폭탄을 던진 것과도 같았다. 이 책에서 헨리는 근본주의에 사회적 전략이 결여되어 있음을 강하게 비난했는데, 근본주의에서는 인간 존중의 정신(humanitarianism), 즉 인간의 유익을 위하는 자비와 배려의 정신이 사라졌다고 주장했다. 헨리는 구속의 메시지가 삶 전체에 의미를 지닌다는 확신 아래, 동료 복음주의자들에게 다시 한번 복음을 세상과 연결시킬 것을 요청했다. 그는 ‘세속 이데올로기’로서의 ‘역사적 기독교’의 재부상을 소망했던 것이다.

헨리는 신학적 윤리학이란 하나님의 계시에 대한 이해에 토대를 두고 있다고 생각했다. 하나님은 역사 가운데 일하시면서 인간에게 그분의 뜻을 나타내신다는 것이다. 계시는 이성적이고 초월적인 존재인 하나님이 인간과 이성적인 의사소통을 나누는 것이다. 인간은 하나님의 형상으로 창조되었기 때문에 죄에도 불구하고 하나님의 의사소통을 이해할 수 있

59) 스탠리 그렌즈, 『기독교 윤리학의 토대와 흐름』(서울: 기독학생회 출판부, 2001), 232f.

다.[60] 헨리는 자신의 인식론을 다음과 같이 요약하고 있다.

> 하나님의 계시는 기독교의 진리를 포함한 모든 진리의 원천이다. 이성은 그것을 인식하는 도구이며, 성경은 그것을 검증하는 원칙이다. 논리적 일관성은 진리를 가려내는 데 있어 소극적인 잣대요, 통일성은 부차적인 잣대이다. 기독교 신학의 과제는 성경 계시를 조직적으로 정리해 하나의 체계로 나타내는 것이다.[61]

인간 지식의 모든 분야가 그러하듯이 윤리학의 기초도 성경에서 발견되는 하나님의 계시의 객관성에 있다. 계시의 객관성은 윤리 규범이 객관적이어서 환경에 의존하지 않는다는 것을 의미한다. 결과적으로 우리는 윤리적 표준에 관해 이성적인 지식을 획득할 수 있으며, 세속적인 상대성의 원리에 좌지우시될 필요가 없다. 성경 계시의 객관성은 윤리적 초점을 하나님이 성경에 계시하신 대로 인간의 삶을 향한 하나님의 뜻을 발견하는 데 두는 것이다. "결국 헨리가 기독교 윤리학

---

60) Carl F. H. Henry, *God, Revelation and Authority*, Vol. I(Waco, TX: Word Books, 1976), 405쪽(이하 'GRA I'); *God, Revelation and Authority*, Vol. II, *God Who Speaks and Shows: Fifteen Theses, part one*, 136쪽 참조(이하 'GRA II'). 그렌츠에 의하면 헨리에게 있어서 하나님의 형상은 인간이 윤리에 관한 이성적 지식을 획득할 수 있음을 의미한다(스탠리 그렌즈, 『기독교 윤리학의 토대와 흐름』, 402쪽).

61) GRA I, 215쪽.

자로서 추구한 목표는 성경의 계시를 좇아 전 생애를 하나님의 뜻 아래 두는 것이다."[62]

비록 헨리의 윤리학에 관한 주요 저서의 제목이 『기독교 개인 윤리학』이기는 하지만, 헨리는 사랑의 윤리를 통한 사회 윤리에 깊은 관심을 갖고 있었다. 헨리는 기독교가 사회 변혁을 일으켜야 하며 정치, 사업, 모든 일에 관여해야 한다고 생각한다. "기독교적 사랑이 타락하여 오직 인간의 영혼에만 관심을 두고 그 육체의 필요에 무관심하다면, 그 사랑은 절반만 성경적이다."[63]

헨리는 성경적 관점이 개인의 회심과 사회 정의 둘 다를 중시한다고 선언했다. 헨리에게 사회 정의는 불의의 희생자에 대한 사역뿐만 아니라 불의의 원인을 치료하고 제거하는 사역까지 포함한다. 헨리는 성경 메시지의 사회·정치적 함의에 충실하고자 하는 그리스도인이라면 '현재 상태에 대해 진정한 도전'의 목소리를 내야 한다고 주장한다.[64] 하지만 그렌츠에 의하면 "근본적인 측면에서 헨리의 사회 행동주의는 개신교 주류가 주창하는 방향과는 구별된다. 헨리는 기독교 사회

---

62) 스탠리 그렌즈, 『기독교 윤리학의 토대와 흐름』, 234쪽.

63) Henry, *Christian Personal Ethics*, 230쪽.

64) Henry, *God, Revelation and Authority*, Vol. IV, *God Who Speaks and Shows: Fifteen Theses, part three*(Waco, TX: Word Books, 1979), 573-77쪽(이하 'GRA IV').

윤리가 개인에서부터 시작되어야 한다고 고집했다. 개인의 영적 중생이 사회 변혁의 토대를 형성한다는 것이다. 따라서 그는 교회가 정부 혹은 공공 기관에 직접적인 압력을 행사하는 일은 피할 것을 요청했다. 교회는 구성원 개개인이 '두 세계의 시민으로서 자신의 임무를 완수하는 데' 집중해야 한다고 강조했다."[65]

헨리에 의하면 성경은 우리에게 완성된 윤리 체계를 제시하지 않지만, 체계적인 성경적 윤리에 대한 불신도 정당화하지 않는다. 성경은 체계적인 윤리 교과서는 아니지만, 상호 연관성을 갖는 계시된 윤리적 진리를 담고 있다. 구약뿐만 아니라 신약에도 상세한 도덕적 교훈들이 담겨 있다. 이 구절들은 서로 조화를 이루며 하나님의 인간을 향한 유일한 뜻의 계시를 반영하는 단일한 완전체를 형성한다.[66]

---

65) 스탠리 그렌즈, 『기독교 윤리학의 토대와 흐름』, 235쪽.
66) Henry, *Christian Personal Ethics*, 346쪽 이하.

9. 변증학의 필요성

불신 세상을 향해 기독교를 변증해야 할 필요성이 있는가에 대해 신정통주의 신학자인 칼 바르트는 부정적인 입장을 갖고 있다. 기독교의 진리 또는 복음은 전적으로 하나님의 은혜로 깨닫는 것이므로 복음 진리에 대한 변증은 불필요하다. 소위 신자와 불신자 간의 접촉점(contact point)이라는 것은 존재하지 않는다는 것이다. 하지만 이런 바르트의 주장은 칼뱅의 주장이나 성경의 증거와 어긋난다.

칼뱅은 우리 인간의 마음속에는 '신성의 감각' 또는 '종교의 씨앗'이 있음을 주장하고 있으며, 「로마서」 서두에서 바울은 불신자에게 "하나님을 알 만한 것"이 있음을 인정하고 있기 때문이다. 바르트의 영향 때문이라는 증거는 없지만 점차 신학교에서도 변증학을 필수가 아닌 선택 과목으로 가르치는 실정을 감안할 때, 변증학의 필요성에 대한 칼 헨리의 논의는 살펴볼 가치가 있을 것 같다.

기독교 변증학은 두 가지의 과제를 안고 있다. 기독교 교리의 진실성을 주장하는 것(진리를 검증하는 것)과 기독교가 하나님에 대한 신(神) 지식을 소유했다고 주장할 권리가 있는가를 증명하는 것(지식을 증명하는 것)이다. 우리는 어떻게 이 과제를 수행할 수 있을까? 우선 중요한 것은 전략이다. 변증학자들은 상호 밀접한 연관성이 있는 일련의 가설이라는 전제를 토대로 사고한다. 기독교 변증학의 체계에는 세 가지 그룹 또는 형태가 있다.

첫째, 어떤 체계는 기독교의 은혜 체험의 독특성을 강조한다. 이것은 인격적인 증언의 변증학이다. 하나님의 은혜의 경험은 너무나 심오하여 자기 확증적이다. 파스칼(1623~62)이나 키에르케고르는 이러한 형태의 논증 위에 변증학을 확립했다.

둘째, 또 다른 체계는 하나님에 대한 진리를 발견하기 위해 인간 이성의 능력을 강조한다. 종교적 진리는 과학적인 진리와 같은 양식으로 검증된다. 하나님에 대한 신앙은 과학적인 법칙만큼이나 신뢰할 만하다. 토마스 아퀴나스(1225~74)와 조셉 버틀러(1692~1752)가 이러한 가정 위에 변증학적인 체계를 세웠다.

셋째, 변증학의 기초로 특별 계시로서의 하나님 말씀을 강조하는 체계들이 있다. 이러한 체계는 먼저 하나님을 믿는 신앙을 가진 후(성령에 의해 지성이 눈을 뜨게 된다) 이성을 통해 포괄적인 이해를 추구해야 한다고 주장한다. 이 체계를 주장하는 사람들은 첫 번째 학파는 너무 주관적(인간의 경험이 하나님의 진리보다 앞선다)이며, 두 번째 학파는 인간의 부패성(죄로 인해 사고 과정에서 왜곡이 발생할 수 있다)을 과소평가한다고 주장한다. 아우구스티누스(354~430)와 장 칼뱅이 이러한 가정 위에 변증학의 체계를 세웠다.

칼 헨리의 변증학에 대한 접근은 세 번째 학파에 가장 가깝다. 헨리는 변증학과 관련하여 기본적으로 세 가지를 주장한다. 첫째, 오로지 정통적인 유신론만이 현대세계의 지적인 필요를 충족시킬 수 있다. 둘째, 정통적인 유신론은 "대부분의 문제에 해답을 제시하고 미해결 문제들 가운데 지극히 미미한 부분만을 남겨둔 채 전 실체에 대해 설명하는" 하나님의 특별 계시에 근거하고 있다. 셋째, 계시에 근거한 유신론을 인정하고 나면 많은 세계관 가운데 복음주의의 접근이 가장 합리적인 설명이 된다. 이는 "처음부터 기독교가 지성에 호소하였고, 계시적인 유신론은 합리성을 벗어나지 않았기 때문이다. 오히려 유신론이 다른 모든 실체에 대한 견해의 유사합리성과 비합리성을 주장하였다."[67] 세계는 오직 자신을 계시하시는 하나님의 관점을 통해 적절하게 설명될 수 있다.

패터슨은 헨리의 변증학 방법론에 대한 적절한 표현으로 '전제주의(presuppositionalism)'를 말하고 있다.[68] 모든 체계는 세속적이든 종교적이든 전제나 가설로 시작한다. 우리는 사고하기 전에 어떤 것을 당연한 것으로 받아들여야만 한다. 오래 전에 아우구스티누스는 모든 사고가 근원적인 가정에 근거하고 있음을 간파하였다. 우리는 어떤 것을 알기 이전에 무언가를 믿어야만 한다. 이러한 절대적인 가정들은 거의 표현되지 않을 뿐 아니라 때로는 인식되지도 않으며 대부분의 경우 증명 불가능하다.

전제주의

기독교의 합리성을 확신하는 헨리를 포함한 대부분의 복음주의 전제주의자들은 비합리주의를 경멸한다. 전제주의자들의 기본 가성은 기독교 유신론(계시 가운데 나타난 하나님)이지만 이를 위해서는 병행되어야 할 것이 있다. 신학자의 말이 수수께끼처럼 알아들을 수 없는 것이 되지 않기 위해서는 이러한 기본 가설을 합리적인 탐구 방법과 논증 방법, 그리고

67) Carl F. H. Henry, *Remaking the Modern Mind*, 231쪽. Patterson, 60쪽에서 재인용.

68) Patterson, 61쪽.

검증의 기준에 부합하는 진리의 실험에 적용해야 한다. 기독교는 세 가지 지식 방법을 거부해야 한다. 그것은 바로 신비주의, 경험주의, 그리고 철학적 합리주의이다.[69]

신비주의는 하나님의 자기 계시를 언어로 표현할 수 없는 것과 역설로 만들어버리기 때문에 하나님을 아는 방법으로는 실패하고 만다. 직관적이고 직접적인 파악을 중시하는 신비주의는 하나님을 인간 내면에서 경험하는 순간적인 인식을 통해 발견한다. 헨리는 종교적인 직관을 세 가지 범주로 분류하고 있다.

첫째, 플라톤(Platon, 기원전 427~347)과 같은 합리적 신비주의자들은 인간의 이성을 은밀하게 신적인 것으로 간주한다. 플라톤은 인간 영혼의 선재에 기초하여 인간은 어떤 일이 참이라는 것을 즉각적으로 알 수 있다고 주장한다. 즉 모든 인간은 추론에 호소함 없이도 어떤 선험적인 진리를 소유하고 있다는 것이다. 헨리는 이러한 주장의 난점으로 영혼의 선재에 대한 명제가 불확실하고, 플라톤이 보편적이고 직관적인 지식이라고 주장하는 것이 사실은 모든 사람에 의해 파악되지는 않는 것이라고 말한다.

둘째, 데이빗 흄(David Hume, 1711~76)과 같은 감각적 신

69) Patterson, 67쪽.

비주의자들은 모든 지식을 관찰을 통한 추론으로 설명하였다. 흄은 모든 지식이 감각 인식과 기억 이미지로 구성된다고 주장했다. 이중 감각이 가장 중요하다. 사고의 범주는 경험에서 비롯되는 것이며, 생득 관념이란 존재하지 않는다. 헨리는 이러한 주장의 난점으로 하나님은 알 수 없는 존재라는 회의론에 빠지게 하는 것이라고 말한다.

셋째, 슐라이어마허와 같은 인격적 조명(종교적) 신비주의자들은 하나님은 인식되는 것이 아니라 느끼는 것이라고 주장한다. 슐라이어마허는 인간의 자기의식에 하나님을 의식할 수 있는 잠재력이 있다고 가정하였다. 결과적으로 슐라이어마허는 하나님을 종교적인 대상이 아닌 개인의 종교적 감성의 대상으로 보았다. 이러한 주장의 난점은 하나님에 대한 지식을 개인의 감정을 초월한 객관적인 관점에서 보지 못한다는 것이다. 하나님에 대한 감정을 말로 표현하려 하는 것은, 하나님은 매일의 일상적인 삶에 적용할 수 있는 용어로 알려질 수 없다는 원칙을 위반하는 것이다.

경험주의는 끊임없는 탐구에 개방되어 있어 진리에 도달할 수 없기 때문에 하나님을 아는 방법으로는 성공할 수 없다. 어떤 결론에 이르렀다 할지라도 그것은 항상 잠정적인 것이므로, 경험주의에서는 진리를 발견했다고 확신하지 못하기 때문이다. 현대 경험주의자들은 모든 진리가 감각적인 경험에서 비롯되며, 건전한 결론은 모든 사람의 삶 속에서 검증이 가능하다고 말한다. 예컨대 존 듀이(John Dewey, 1859~1952)는 경험이 진리의 포괄적인 기준이라고 주장했고, 이러한 원칙을 불가지론적인 결과를 지닌 계시적인 유신론에 적용하였다.

그들에게 있어 경험적인 증명을 할 수 없는 신념은 불합리한 것이다. 경험적인 방법의 잠정적인 성격은 하나님이라는 개념 자체도 절대적인 권리를 가질 수 없다고 주장한다. 모든 정의는 계속적인 인간 경험의 조명 안에서 수정되어야 하기 때문이다. 경험주의의 입장에 따르면 감각적인 관찰에 의해 검증되지 않는 것은 어디까지나 가정에 불과하며, 부지중에 개인의 신뢰성의 근거를 파괴하고 만다. 이러한 방법은 초자연적이고 도덕적인 규범, 또는 과거의 역사적인 사건들에 대한 확실성을 확보할 수가 없다. 하지만 헨리는 하나님은 자신의 실체에 대한 잠정적인 경험주의적인 태도에 만족하실 수 없다고 말한다.[70]

철학적 합리론은 계시를 그 자신의 대안에 복속시키기 때문에 하나님을 아는 방법으로는 적절하지 않다. 이 방법은 진리란 결코 자기 모순적일 수 없으며 인간 지성은 모든 지성적인 문제들을 풀 수 있는 근원적인 가능성을 소유하고 있다고

---

70) GRA, I, 85쪽.

주장한다. 지성의 근원적인 능력은 인간의 모든 신념을 확립할 수 있다는 것이다.

임마누엘 칸트의 시대까지 합리주의자들은 그들 자신의 합리적인 가정이 옳다고 확신했다. 그러나 칸트는 흄의 회의론을 통해 합리주의의 '독단의 잠에서(aus dem dogmatischen Schlummer)' 깨어나, 사고의 범주는 단지 경험적인 자료들과만 상관관계가 있다고 주장하였다. 모든 사고는 시공간의 제약을 받으며, 인간은 하나님에 대한 즉각적인 지식에서 배제되어 있다. 하나님에 대한 객관적인 지식이나 인식적인 지식은 존재하지 않는다는 말이다.

그러나 합리론자들과는 달리 복음주의자들은 모든 존재의 상호 관계성에 대하여 포괄적인 도식이나 장엄한 이론을 믿지 않는다. 헨리는 복음주의자들이 합리론의 오류에 빠지지 않으면서 이성을 불가결한 중요성을 지닌 것으로 인식할 수 있다고 생각한다. 헨리를 포함한 복음주의 전제론자들은 합리적 직관의 주창자들이다. 이들의 입장은 인간 이성을 궁극적인 진리의 근원으로 묘사하는 철학적 합리론자들과는 다르다.

신아우구스티누스주의자

헨리와 함께 전제주의자들은 어떤 의미에서 아우구스티누

스의 발자취를 따르고 있으므로 아우구스티누스에 대해 간략하게 살펴보는 것이 필요할 것이다. 아우구스티누스는 확신에 목말라했다. 아우구스티누스는 오감이나 인간 지성이 진리로 인도한다고 가르치는 당대의 철학적 회의론자들에게서 깊은 영향을 받았다. 회의론자들은 보편적인 의심을 지지하였다. 감각적인 추측은 그들이 따를 수 있었던 최선의 것이었다. 더 나아가 아우구스티누스는 죄가 자신의 의지를 약화시키고 욕정을 자극하고 있으며, 진리에 대한 마음을 흐리게 한다고 생각했다. "아우구스티누스의 변증학은 진정으로 죄와 철학을 근거로 한 회의론에 대한 해답을 찾아가고 있다."[71]

그렇다면 아우구스티누스는 어떻게 의심에서 확신에 도달하였는가? 아우구스티누스는 여느 회의론자들처럼 보편적인 회의로부터 시작했다. 그러나 아우구스티누스는 그들처럼 보편적인 회의론으로 끝나지 않았다. 의심 또는 회의는 생각하기(회의는 논리, 사고, 기억, 판단의 법칙을 함축한다) 위해 자신의 지성을 사용할 수 있는 자아(회의자)의 존재를 함축한다. "나는 회의한다. 그러므로 나는 존재한다." 회의는 회의자의 실체, 회의와 연관한 능력에 대한 신뢰성 그리고 이러한 능력이 함께 작용하는 명제들의 진실성을 함축한다. 회의자는 진

71) Ramm, *Varieties of Christian Apologetics*, 149쪽. Patterson, 70쪽에서 재인용.

리를 소유하고 있으며, 회의하는 자아는 확신을 가진다.

아우구스티누스는 이러한 확신이 자아 외부에 위치한 오감의 세계가 아닌, 생각하는 지성의 자아에서 비롯된다고 보았다. 진리는 생각하는 자아(내부)에 있지, 감각(외부)에 있지 않다는 것이다. 회의는 오감의 증거를 파괴할 수 있다. 그러나 이것은 감각에 근거하지 않은 지성의 증거(논리 법칙, 지혜, 비모순 등)를 말소할 수는 없다. 진리는 주로 지성에서 발견된다. 이러한 입장은 경험적인 것과 혼합되지 않는, 즉 모든 감각의 인상과는 독립적으로 인증되는 것을 의미하기 때문에 종종 선험적 추론(apriorism)이라 불린다.

아우구스티누스는 "인간이 깨닫고 알고 사랑하는 모든 일 가운데 우리가 존재한다는 것만큼 우리에게 확실한 것은 없다. …… 나는 내가 알고, 존재하고, 사랑하는 것을 절대적으로 확신한다"[72]고 말했다.

아우구스티누스에게 있어 이러한 직접성으로부터의 증명은 우주론적이고 심미적인 하나님의 존재 증명보다 우위에 있다. "밖으로 나가기를 바라지 말고 너 자신 속으로 돌아가라. 진리는 인간의 내면에 있다." 이러한 자기 인식을 통해 하나님을 인식하는 방법은 중세에 아우구스티누스적인 신비주의에

---

72) *De civitate Dei*, XI, 26쪽. 위르겐 몰트만, 『희망의 신학』(15판, 서울: 대한기독교서회, 1994), 76쪽에서 재인용.

서 하나의 학파를 이루었다.

독일의 희망의 신학자 몰트만(Jürgen Moltmann, 1926~)은 『기독교 강요』에서 칼뱅이 했던 "우리의 모든 지혜는 그것이 참으로 지혜란 이름에 합당하고 믿을 만하다면, 결국 다음의 두 가지 지식, 즉 하나님의 지식과 우리 자신에 대한 지식을 포함한다"는 말을 아우구스티누스 르네상스라는 관점에서 이해하여야 한다고 말하고 있다. 몰트만은 더 나아가 세계에서 출발하는 모든 하나님의 존재 증명이 무너지고, 직접적인 자기의식과 하나님의 의식을 다룬 데카르트의 제3성찰은 아우구스티누스의 사상을 받아들인 것임을 지적하고 있다. 즉 데카르트의 회의적인 방법론은 17세기 프랑스에서의 아우구스티누스 르네상스를 통해 매개된 사상이라는 것이다. "피조물이라면 누구에게나 내재되어 있는 불안 가운데서 인간은 그 사실을 알든 모르든 하나님에 대한 의문을 품은 채 살아간다."[73]

왜 칼 헨리는 아우구스티누스에게 끌렸는가? 첫째로, 헨리는 신학적 자유주의의 경험적 방법의 헛된 꿈에서 벗어났다. 종교적 경험을 설명하기 위해 자유주의는 경험론으로 내몰리고 있던 서구의 사상적인 표류에 사로잡혀 있었다. 경험론은

73) 위르겐 몰트만, 『희망의 신학』, 78쪽.

종교적 경험의 유일한 원천은 경험이며 하나님에 대한 어떠한 지식도 경험을 떠나서 얻어질 수 없다고 가르친다. 경험론은 일반적으로 필연적이고 보편적이며 선험적인 진리의 존재를 부정한다. 그러나 헨리에 따르면 "종교적 경험에 대한 경험적인 설명은 하나님에 대한 보편적이고 의무론적인 결론에 도달할 수 없다."[74]

둘째로, 아우구스티누스와 같이 헨리도 확신을 추구했다. 헨리는 하나님 아닌 것에서 하나님에 이르는 "단지 추론된 하나님"을 원하지 않았다. 그는 인간의 정신세계를 통해 직접적으로 하나님을 파악하는 종교적 경험을 원했다. 헨리의 이러한 하나님에 대한 직접적인 강조는 아우구스티누스와 선험적 추론(apriorism) – 또는 전제주의, 합리적인 직관 – 과 관련이 있다. 헨리는 복음주의자들이 인간이 지닌 하나님에 대한 근본적이고 인식론적인 관계성에 대한 확신을 재주장해야 할 때가 되었다고 생각했다.

헨리는 종교 철학의 역사를 통해 아우구스티누스 외에도 대표적인 사상가들이 종교적 선험을 중요시했다고 말한다. 플라톤과 칸트는 각각 독특한 사상을 대표하고 있는데, 헨리는 플라톤의 잘못은 인간의 지성이 하나님의 지성과 직접적인

74) GRA, I, 273쪽.

관계가 있기 때문에 은밀하고 신적이라고 가정한 것임을 지적한다. 그리스도인으로서 아우구스티누스는 플라톤이 알지 못했던 사실, 즉 지성은 근본적으로 죄된 인간의 의지로 인해 왜곡되어 있다는 사실을 알고 있었다. 또한 플라톤은 특별 계시의 필요성을 느끼지 못했다. 그러므로 플라톤은 (계시적인 기초와는 별도로) 인간이 영적인 진리에 대한 최종적이고 진정한 지식을 가지고 있다고 생각했다. 헨리는 인간의 사고가 플라톤이 상상했던 것보다 훨씬 복잡하다고 주장한다.

칸트는 선험적인 지식을 전적으로 특별한 신적 계시 또는 형이상학으로부터 분리시킴으로써 선험적 지식의 타당성을 확립하려고 노력했다. 칸트에게 있어 이성의 전형적인 기능은 인간에게 주어진 오감을 통해 조화를 이루는 것이었다. 지성에서 조화의 원칙들(인과율, 공간, 시간, 양 등)은 감각에 기인하지 않으며, 이러한 원칙들이 감각보다 논리적으로 선행되어야 한다(이러한 원칙들은 선험적이다).

그러나 지성의 원칙들은 단지 감각세계에만 관계할 수 있지 하나님이나 불멸하는 영혼 또는 전체로 인식되는 세계에 적용될 수는 없다. 칸트에 따르면 하나님은 필요한 존재지만 증명될 수는 없다. 하나님은 세상의 도덕적 통치와 불멸성에 대한 인간의 희망을 위한 하나의 필요 조건(a postulate)이다. 칸트는 인간 지성을 지나치게 제한함으로써 종교적 선험에서 신적인 특별 계시를 제거하였으며, 이로써 아우구스티누스를 진지하게 다루지 못했다. 헨리는 칸트가 도덕적으로 종교를 필수적인 요소로 생각한 것은 옳았으나 인간 경험을 지나치게 회의적으로 축소시킨 것은 잘못이었다고 말한다. 칸트의 잠재적인 불가지론은 신학적 자유주의를 촉진하는 악영향을 미쳤다.

헨리에게 있어 성경은 그 중심에 특별한 역사·구속적 계시를 가지고 있으면서도, 변증학적인 과제에 있어서는 아우구스티누스류의 선험적 추론이 기독교 진리 변증에 도움이 된다. 모든 인간은 하나님의 형상으로 창조되었다. 하나님에 대한 지식은 모든 지식의 기초가 된다. 그리스도인에게 종교적 선험은 오직 성경적인 하나님의 형상에 근거하고 있다.

아우구스티누스의 선험적 추론은 계시에 근거하고 있으므로 다른 대안들에 비해 우위에 있다. 아우구스티누스의 입장은 플라톤의 견해보다 우위를 차지한다. 플라톤은 선재하는 영혼의 초자연적인 세계에 대한 회상을 통해서만 타당성을 확신할 수 있었다. 또한 아우구스티누스의 견해는 칸트의 견해보다 우월하다. 칸트는 종교를 도덕의 그림자에 불과한 것으로 격하시켰을 뿐 아니라 도식화된 인식론으로 제한하였으며, 하나님과의 어떠한 인격적인 접촉도 불가능하게 했다.

자연주의

일반적으로 자연주의는 자연을 초월하는 어떠한 실체도 부정한다. 자연주의는 자연과 동떨어진 신성이나 존재에 반대하는 반초자연주의이다. 자연주의는 우주가 스스로 존재하고, 스스로를 설명하고, 스스로 작동하고, 스스로 갈 바를 정하고, 목적도 없이, 결정론적으로 움직인다고 주장한다. 자연주의자들은 모든 실체가 시간적이고 공간적이라고 믿는다. 그러나 그들은 미, 가치, 의식, 지성 그리고 종교의 존재를 부인하지는 않는다. 헨리는 "칸트는 인간 지성이 제한적이어서 초자연적인 것을 알 수 없다고 주장했다. 한편 자연주의자들은 알아야 할 초자연적인 존재는 없다고 주장한다"라고 말했다.[75)]

헨리에 의하면 서구세계는 현재 세속적인 전망에 젖어 있으며, 자연주의적인 확신의 결과는 자연이 인간의 가장 폭넓고 심오한 환경이라는 것이다. "지적 감수성(Geist)은 전적으로 자연적인 과정과 사건들에만 집중한 채, 자연주의적 전제 외에는 어떠한 초월적인 범주도 받아들이지 않고 있다."[76)] 헨리는 성경적 유신론을 자연주의적 과학주의로 대치한 것이

75) GRA, I, 38쪽.
76) GRA, I, 135쪽 이하.

사상의 역사에서 문화적인 분위기(cultural mood)를 가장 과격하게 제한한 일 중 하나라고 말한다. 세속인들은 세상에 대해 다음과 같은 네 가지 이론을 펼치고 있다.

첫째, 세속인은 포괄적인 우연성의 이론을 주장한다. 즉 모든 실체는 잠정적인 성격을 지닌다는 것이다. 하나님은 망명 중이시고 인간이나 세계를 위한 결정적인 이유(decisive reason)는 존재하지 않는다. "포괄적인 우연성은 간단히 말하면 실체가 본질적으로 비합리적이고, 역사가 예측불가능하며 혼돈스럽다는 것을 의미한다."[77] 둘째, 세속인은 실체와 경험이 전적으로 잠정적이라고 주장한다. 시간적인 과정(temporal process)이 모든 것이다. 셋째, 세속인은 전 역사의 과정이 철저하게 상대적이며 상호 연관 관계에 있다고 주장한다. 모든 것이 상대적이므로 어떠한 궁극적인 진리나 도덕 또는 권위도 주장할 수 없다. 넷째, 세속인은 인간의 절대적인 자율성의 이론을 주장한다. 인간은 하나님을 필요로 하지 않는다. 인간은 스스로를 충족시킬 능력이 있다.

헨리는 세속인이 이러한 확신으로 살아갈 때 "자신의 삶의 의미와 가치를 소진시켜버리고, 바람직한 삶을 가능케 하는 모든 존재를 상실해버린다"[78]고 말하고 있다. 한편 세속주의

77) GRA, I, 138쪽.
78) GRA, I, 140쪽.

자는 엄청난 실존적 스트레스를 경험한다. 그는 아무도 자신을 돌보지 않는 우주에서 불안을 느낀다. 세속인은 보편적인 정의와 이웃 사랑, 그리고 의무에 대해 말한다. 그러나 이러한 것들은 세속인 자신이 펼치고 있는 네 가지 이론을 통해서도 확인하거나 실천하지 못하는 진리와 가치의 규범에 불과하다. 자신의 삶의 스타일과 상대적인 견해는 조화를 이루지 못한다. "자연주의에 함축되어 있는 허무주의와 인격적인 무가치성을 회피하기 위해 그는 자신의 삶을 자연주의가 주장할 수 없는 가압류된 의미(sequestered meaning)와 가치에 투자하고 있다."[79] 성경의 하나님으로부터 벗어나기 위해 세속인은 유한한 것을 궁극적인 것으로 바꾸는 일종의 우상 숭배를 감행하고 있는 것이다.

논리 실증주의의 흥기와 몰락

논리 실증주의(logical positivism)는 이전의 경험론과 실증주의에서 생겨났지만 언어의 논리적인 분석을 강조하는 점에서 이전 사조들과 구별된다. 논리 실증주의의 특성은 과학적 태도와 학문의 통합을 강조하는 것이다. 모든 사실적인 지식은

79) GRA, I, 142쪽.

검증이나 직간접적인 확증이 가능한 방식으로 경험과 연계되어 있다. 철학의 과제는 인식, 특히 학문의 분석으로 정의되었으며, 주된 방법은 학문의 언어를 분석하는 것이다.

1920년대 초에 확립된 논리 실증주의는 처음에는 '비엔나 서클(Vienna Circle)'로 알려졌었다. 일단의 철학자들과 수학자들, 그리고 자연과학자들이 과학적인 방법을 자신들의 전문 분야에 적용하기 위해 정기적으로 모였다. 비엔나 서클은 "분석적이거나 원칙적으로 관찰을 통해 확인될 수 있는 진술들만이 '의미가 있다'고 간주하고, 이를 검증할 기준을 제출하였다. 이 외에 모든 주장은 '무의미한 것'으로 간주되었다."[80]

이 학파는 어떤 신념을 검증하는 문제를 주변적인 이슈에서 중심적인 관심 분야로 고양시켰다. 이들 사상가들은 어떤 진술이 참이나 거짓으로 판명될 수 없다면 그 진술은 아무 의미가 없다고 주장했다. 이들에게 "하나님은 존재하신다"라는 진술은 관찰을 통해 검증될 수 없는 명제이므로 무의미한 것이다. 이들은 마침내 모든 형이상학적인 진술들을 아무런 문자적 의미를 가지지 않기에 무의미하다고 거부했다.

복음주의적 변증가는 성경의 진리가 자신의 신앙의 근본이 되므로 누군가 검증의 기준에 관심을 가지는 것을 반긴다고

80) GRA, I, 96쪽.

헨리는 말한다. "만일 이러한 신학적 주장이 참이 아니라고 판명되면, 아마 자신의 신앙을 가장 먼저 버릴 사람은 바로 정통 신앙인들일 것이다."[81] 복음주의자들은 검증에 대한 요구를 환영한다. 검증주의자들이 신학적인 진술이 정당하거나 부당하다고 할 수 있는 조건을 요구하는 것은 옳다. 그러나 이들은 단지 경험적이고 감각적인 검증만을 의미 있는 것으로 간주한다는 점에서 오류를 범한다. 그들은 신학적인 진술을 거부함에 있어 자의적이다. "그들의 편견이 의미 있는 인식적인 진술의 범위를 좁혔다."[82]

실증주의는 논리적으로 여러 가지 문제점을 안고 있으며, 진리의 유일한 결정자로서의 검증 원리는 결과적으로 사멸할 수밖에 없는 운명이었다. 논리 실증주의자들은 그들의 기본적인 논지 – 오직 경험적으로 검증 가능한 진술만이 참이다 – 가 경험적으로 검증 불가능하므로 수용할 수 없음이 밝혀지면서 치명적인 타격을 입었다. 즉, 하나님에 관한 토론이 무의미하다는 실증주의자들의 주장 자체가 무의미한 것으로 간주되어야 했다.[83]

---

81) GRA, I, 97쪽.

82) GRA, I, 98쪽.

83) 논리 실증주의에 대한 간략한 설명을 원하다면, 로널드 내쉬, 『현대의 철학적 신론』, 박찬호 옮김(서울: 살림출판사, 2003), 166쪽 이하를 참조하라.

헨리는 기독교가 어떤 논리적인 체계와 마찬가지로 증명되지 않은 공리에 근거하는, 논리적으로 일관성 있는 계시적 진리 체계라고 주장한다. 어떤 체계의 검증 가능성을 요구하는 것은 타당하다. 하지만 헨리는 논리 실증주의의 검증 원리는 그 자체가 검증 불가능하므로 실패했다고 지적했다. 그러나 현대인들에게 과학적인 방법에 의한 '공적인' 검증은 매우 그럴 듯해 보인다. 그렇다면 헨리는 신학적인 진술을 검증하거나 반증함에 있어 경험적인 고려에 어떤 지위를 부여하고 있는가?

사실 헨리는 과학적인 검증이 현대인의 삶에 필수적인 것이며, 복음주의적 그리스도인들이 그것을 무용지물로 여기는 것은 어리석은 일이라고 말한다. 모든 인간은 동일한 것을 보고 듣고 맛보고 냄새를 맡는다. 차이점은 우리가 실체(우리의 전제들)에 대해 어떻게 생각하는가에 있다. "실증주의자는 감각적인 자료들만이 우리를 실재의 세계와 연결시킨다고 생각한다. 힌두교인들은 감각 자료는 기만적이며 오히려 실재세계로부터 멀어지게 한다고 생각한다. 한편 그리스도인들은 현상세계가 그것의 창조자이신 하나님을 증거해 주는 실재하는 피조세계라고 생각한다."[84]

---

84) GRA, I, 248쪽.

논리적인 일관성은 경험을 배제하지 않으며, 검증에 대한 토론을 경험적인 것보다 더 높은 단계로 고양시킨다. 어떤 질문은 감각적인 관찰만으로는 증명될 수 없다. 과학은 하나님에 대해서는 물론이요, 빛과 전기에 대해서도 최종적인 진리를 소유하고 있지 않다. 헨리의 입장은 경험적인 증거가 기독교적인 계시의 전제와 상관관계에서 제시되어야 하며, 그것과 독립적으로 제시되어서는 안 된다는 것이다. 이성적인 그리스도인은 검증 가능한 질문을 회피하지 않는다. 성경은 기독교의 궁극적인 검증 원리가 되며, 계시적 자료들의 논리적인 일관성은 기독교의 진리를 시험할 수 있는 수단이 된다.

10. 계시와 성경

헨리에게 신학적인 면에서 두 가지 주된 논적이 있다면 그것은 근본주의와 신정통주의일 것이다. 그리고 복음주의 신학은 이 두 가지 입장 사이에서 자리매김할 수 있을 것이다. 근본주의도 반대하지만 신정통주의도 배격하는 것이 헨리의 신학적인 입장이다. 그러나 헨리가 근본주의를 배격하는 것은 그들의 호전적인 태도 때문이다. 그들의 주장 자체에 대해서는 많은 부분 수용하는 입장이다. 이런 점에서 헨리의 계시관이나 성경관에서 주된 논적은 신정통주의 신학이다.

헨리는 현대 신학의 위기를 신적인 계시의 본성과 실체에 관한 것이라고 보았다. 『신·계시·권위 *God, Revelation and Authority*』 2, 3, 4권에서 헨리는 계시를 포괄적으로 조망하기 위해, 자신을 보여 주시는 하나님, 스스로 말씀하시는 하나님이라는 성경적 용어를 사용했다. 세 권의 저서의 골격을 형성하는 15개의 논지는 헨리가 하나님의 계시에 대해 말하고자 한 내용을 잘 요약해 준다. 첫 번째 논지부터 열 번째 논지까지는 계시관에 대해, 열한 번째 논지부터 열다섯 번째 논지까지는 성경관에 대해 말하고 있다.

계시관

헨리의 첫 번째 논지는 계시가 "하나님으로부터 시작되어 하나님 홀로 자신의 인격적인 비밀과 실체를 신중하게 드러내신 하나님의 자유로운 의사소통"이라는 것이다.[85] 만일 하나님께서 아무 말씀도 하지 않으신다면 우리는 하나님에 대하여 아무것도 알지 못할 것이다. 그러므로 계시는 새롭고 놀라운 것이며, 예견하지 못했던 개입이다.

주된 성경적 개념은 하나님께서 자신을 알리신다는 것이다. "계시의 핵심은 하나님께서 그분을 둘러싼 신비의 세계에서 벗어나 비밀스러운 것을 드러내신다는 것이다."[86] 성경적인 견해는 하나님께서 지성적인 존재인 인간에게 자신을 계시하신다는 것이다. 신적인 계시의 근거를 바탕으로 하지 않고 하나님에 대해 가르치는 것은 불가능하다. 인간적인 지혜로는

85) GRA II, 8쪽.
86) GRA, II, 8쪽.

하나님을 알 수 없다.

헨리의 두 번째 논지는 하나님의 "계시는 인간의 유익을 위하여 주어진 것으로, 계시를 통해 인간은 창조주와 교제할 수 있는 특권을 갖는다"[87]는 것이다. 하나님은 자신의 의지와 은혜로써 인간에게 하나님 나라에서의 지위를 부여하신다. 하나님은 우리가 하나님의 존재를 알고, 그분과 인격적인 교제를 나누며, 하나님이 베푸신 용서와 새로운 생명을 받아들이고, 우리로 하여금 죄로 인한 심판을 피할 수 있도록 하기 위해 자신을 드러내신다.

만물의 창조주요 통치자이신 하나님은 은혜롭게도 우리를 하나님 나라의 역사적인 확장을 위한 사명에 초대하신다. 하나님이 인간에게 자신을 인격적으로 드러내신 만큼 우리는 그분을 인격적으로 받아들여야 한다. 하나님의 계시는 자동적으로 죄인을 구원하지는 않으며, 복음만으로는 구속이 일어나지 않는다. 자신의 능력과 선행을 당당하게 주장하는 불신자 또한 하나님의 나라를 상실하게 된다.

계시는 화해를 위하여 필요하다. 현대 철학은 하나님에 관한 이론적인 지식에만 사로잡혀 거룩하신 하나님과 죄 많은 인간이 화해하는 일에는 무관심하다. 현대 이론은 죄책의 문

87) GRA, II, 30쪽.

제를 무지의 문제로 대치함으로써 계시를 아는 것 자체가 구속적이라고 가정했다. 그러나 헨리는 "하나님의 진리를 아는 것이 곧 인격적인 구원과 같은 의미일 수는 없다"[88]고 말한다. 인격적인 적용 없이는 어떤 사람도 구원을 얻을 수 없다.

헨리의 세 번째 논지는 하나님의 "계시는 계시자이신 하나님께서 자신의 계시를 초월하시는 한은 그분의 초월적인 신비를 완전하게 제거하지는 않는다"[89]는 것이다. 하나님은 자신을 드러내는 동시에 숨기기도 하신다. 하나님께서 자신에 관해 계시하지 않기로 하신 것에 대해서 우리는 결코 알 수 없다. 하나님께서 자신에 대하여 계시하신 것이 그분의 존재나 활동 모두는 아니다. 하나님은 자신에 대해 모든 것을 계시하시지는 않지만 자신을 진정으로 계시하신다.

성경의 저자들은 하나님의 계시에 전적으로 의존했으며, 하나님에 대한 그들의 지식은 부분적이기는 하지만 참된 것이었다. 인간에게는 어떤 사람을 영구히 하나님의 계시의 도구가 되게 하는 신적인 본성이 존재하지 않는다. 그러므로 합리적인 계시에 대한 확신으로 종종 자신의 신학을 성경만큼이나 믿을 만하다고 가정하는 복음주의자에게는 겸비한 자세가 필요하다. "가장 경건한 복음주의조차도 영감된 성경을 유

88) GRA, II, 43쪽.
89) GRA, II, 47쪽.

일하고도 규범적인 것으로 설명하고 있다."[90]

헨리의 네 번째 논지는 "계시의 주체가 유일하시며 살아계신 하나님이라는 사실 자체가 하나님의 계시의 포괄적인 일치(comprehensive unity)를 보장해 준다"[91]는 것이다. 그 계시가 불완전하다고 해서 일관성이 없음을 의미하는 것은 아니다. 하나님께서 계시하신 것은 믿을 만하며 일관성이 있다. 그렇지 않다면 그것은 계시일 수가 없다. 하나님은 유일하시고 전능하시며, 만물의 창조주요 주님이시기 때문에 하나님의 계시는 전체적으로 일치한다.

다신론적 이교주의는 신들끼리 서로 싸움을 붙임으로써 이득을 취하며, 통일된 계시가 없으므로 정신분열증적인 자기모순에 빠진다. 성경적 단일신론은 모순된 계시를 배제한다. 하나님의 자기 계시는 (구약성경에서부터 신약성경에 이르기까지) 점진적이지만 서로 모순되지 않고 일치한다. 온전한 일치는 마지막 순간, 즉 종말의 때에라야 비로소 드러날 것이다.

헨리의 다섯 번째 논지는 "하나님의 계시의 발생뿐 아니라 그 본성과 내용, 그리고 다양성은 전적으로 하나님에 의해 결정된다"[92]는 것이다. 하나님은 그분의 전능하심을 바탕으로

90) GRA, II, 52쪽.
91) GRA, II, 69쪽.
92) GRA, II, 77쪽.

한 자유 의지로 계시의 형태와 내용 모두를 결정하신다. 하나님은 다양한 방식으로 자신을 드러내신다. 하나님은 일반 계시와 특별 계시로 자신을 계시하셨으며, 자연과 역사 안에서, 인간의 지성과 의식 안에서, 성경의 다양한 방식을 통해 그리고 나사렛 예수 안에서 자신을 계시하셨다. 이러한 계시는 각기 다른 방식으로 이루어졌으며, 종말에 오면 하나님은 자신을 또 다른 방식으로 계시하실 것이다.

칼 바르트(Karl Barth)는 하나님께서 자연 가운데 자신을 계시하셨다(일반 계시)는 사실을 부정하는 오류를 범했다. 이로써 가능한 도덕적이고 영적인 설명의 기초를 부정하였으며, 성경적인 증거를 무효화시켰다. 또한 하나님에 대한 인류의 근원적인 관계성을 모호하게 만들었다. 1930년대에 있었던 에밀 브룬너(Emil Brunner)와의 유명한 논쟁에서 바르트는 계시의 범위를 지나치게 축소하여, 하나님에 대한 지식과 관련된 그것이 그리스도로부터 유래하지 않았다면 모두 반기독교적이라고 주장했다.

스콜라 철학자들이 특별 계시를 일반 계시 안에 포함시켜 열등한 위치로 격하시킨 것도 잘못이다. 토마스 아퀴나스(Thomas Aquinas)는 하나님의 존재를 오로지 우주로부터의 감각 경험에만 의존하고 있다. 현대의 자연주의도 자연을 단지 기계적이고 무목적적인 것으로 간주하는 오류를 범하고 있다. 자연주의의 비인격적인 자연은 초자연적인 것을 임의로 은폐시켜버리고, 자연세계를 왜곡하며 목적과 의미와 가치를 봉쇄해버린다.

헨리는 일반 계시가 구속적인 계시의 전제가 되며, 특별 계시는 일반 계시를 명료하게 해준다고 말한다. "'하나님께 귀를 기울이라!'는 것은 성경의 메시지이다. '자연의 음성을 듣지 말라!' 자연은 하나님의 피조된 질서이며 자연 가운데 하나님은 자신을 나타내신다."[93] 특별 계시는 일반 계시를 전제한다. 그러나 자연 신학(오로지 일반 계시의 기초 위에 세워진 하나님에 대한 신앙)을 전제로 하지는 않는다.

헨리의 여섯 번째 논지는 "하나님의 계시는 내용과 형식 모두에 있어 독특하게 인격적이다"[94]는 것이다. 인격적인 주체로서의 하나님은 인간을 위해 계시가 있게 하신다. 자신의 이름 가운데 스스로를 드러내심으로 하나님은 자신에 관해 지적이고 합리적이며 명제적인 진리를 제시하신다. 불행하게도 신정통주의 신학은 하나님의 자기 계시가 "비지성적이고 비명제적이며, 하나님은 결코 개념적인 사고의 대상이 아니다. 신학적인 주장은 객관화할 수 없다. 하나님을 믿는 인격적인 신앙은 신학적 교리들에 대한 지적인 동의를 배제한

93) GRA, II, 98쪽.
94) GRA, II, 151쪽.

다"[95]고 주장한다. 신정통주의는 하나님의 자기 계시를 곡해하고, 계시를 아무런 정보도 제공해 주지 않는 것으로 만들었다. 이것은 신정통주의가 하나님을 자연과 역사로부터 분리시켰으며, 초자연을 배제하고 우주 안에서의 인간의 중요성에 대해 의문을 품도록 만들었다.

하나님은 자신의 이름을 명명하신다. 사색적인 철학과 비성경적인 종교에서 잘못 명명된 신은 하나님이 자신의 이름을 명명하도록 허락한 것을 인간이 거부한 결과다. 성경에서 하나님의 이름은 곧 하나님의 본질적인 본성, 완전성 그리고 그 활동과 동의어이다. 성경에서는 하나님의 이름과 본성이 동일하다. 하나님은 자신의 존재와 관련한 비밀을 성경의 긴 역사 가운데 점진적으로 계시하셨다.

구약성경에서 하나님의 고유한 이름은 '야훼(Yahweh)'이다. 이 이름에 대한 다섯 가지 주요한 해석 가운데 헨리는 다음의 해석을 선호한다. "우리의 견해로 야훼는 영원자에 대한 계시이다. 야훼는 자유로운 은혜 가운데 자신의 선민들을 구속적으로 구출하기 위해 오시기로 약속하신, 만물로부터 독립적인 주권자이시다. 영원히 거기에(eternally there) 계신 스스로 계신 이(the God who is)는 자신의 구속적인 임재를 이스라엘

95) GRA, II, 157쪽.

백성들 가운데 인격적으로 드러내신다."[96]

구약성경에서 하나님에 대한 또 다른 주요한 이름은 창조주요 통치자를 의미하는 '엘로힘(Elohim)'이다. "비록 신약성경이 로고스를 창조와 구속 양자 모두의 대행자로 묘사하고 있지만, 야훼 하나님이라고 하는 이중적인 이름은 창조적인 능력과 구속적인 은혜 가운데 있는 하나님의 포괄적인 사역과 관계가 있다."[97] 신약성경은 하나님과 예수 그리스도의 이름을 하나요 동일한 것으로 이해하고 있다. 그리스도인들은 구약성경에 나타난 하나님의 다양한 이름을 단순히 '하나님(theos)'으로 대치하고 있으며, 신적인 이름의 의미는 그리스도 안에 있는 계시와 관계가 있다. 1백 가지 이상의 이름과 명칭이 그리스도의 사역과 인격에 적용되고 있다. 그리스도는 과거와 현재, 그리고 미래의 역사적 구속자인 야훼가 되신다.

헨리의 일곱 번째 논지는 "하나님께서는 우주 역사에서 보편적으로 자신을 계시하실 뿐 아니라 유일한 구원의 행위 안에서 이 외적인 역사 가운데 구속적으로 자신을 계시하신다"[98]는 것이다. 복음주의자들은 하나님이 역사 가운데 자신을 계시하실 뿐만 아니라, 기독교로 인해 역사의 개념이 생겨

96) GRA, II, 220f.
97) GRA, II, 225쪽.
98) GRA, II, 247쪽.

났다고 주장한다.

하나님의 계시는 항상 역사를 통해 드러났으며, 그리스도인들은 전통적으로 성경에 접근하는 방법으로 역사적인 방법을 지지하였다. 그러나 복음주의자들은 계몽주의 이후로 어떤 신학은 반역사적이 되었다고 주장한다.

헨리는 휘튼 대학 시절의 은사였던 고든 클락(Gordon H. Clark)의 견해를 지지한다. 클락은 기독교가 다른 모든 종교와 구별해 주는 것은, 세상으로부터 독립적인 하나님께서 인격적으로 역사 가운데 활동하고 계시는 점이라고 주장하였다. 클락의 역사 철학에는 세 가지 원칙이 있다. ① 하나님께서 역사를 통제하신다. ② 하나님은 역사를 최종적인 정점을 향해 인도하고 계신다. ③ 하나님은 역사 안에서 인격적으로 행동하신다.

성경의 사건들은 검증될 수 없다고 말하는 실증주의자들에게 클락은, 어떤 역사적인 사건도 그것이 성경적이든 비성경적이든 절대적인 검증을 받을 필요는 없다고 답한다. 성경의 사건을 세상적인 사건과 다른 범주로 분류하는 것(그래서 성경의 사건들을 거부하는 것)은 전적으로 자의적이며 부당하다. 세속 역사 가운데 등장하는 인물들의 존재를 확증하는 것은 쉽지 않다. 그러나 절대적인 역사적 확실성을 부정하는 일이 회의론으로 연결되지는 않는다고 클락은 주장한다. 즉 기독교의 역사적인 측면들은 정당화될 수 있다.

논리 법칙과는 달리 역사적인 사건들이 항상 최종적으로 증명되는 것은 아니다. 사건에 대한 최종적인 확실성은 역사적인 탐구에서 비롯되지 않는다. 사건들은 스스로를 증명할 수 없으므로 해석이 필요하다. 역사는 전제 없이 기록되지 않는다. 역사적 실증주의는 실천적인 무신론을 은밀히 지지하므로 초자연적인 관심에 대처할 수 없다. 성경적 계시는 구속사적인 역사적 행동과 그 의미로 구성된다. 역사적 탐구만으로는 성경 속에 기록된 사건들이 과연 일어났는지 또는 그 사건들이 어떤 신학적 의미를 제공하는지를 정의할 수 없다.

현대 신학은 계시와 역사의 관계에 관해 격렬한 논쟁을 벌이고 있다. 이에 대한 신학자들의 입장은 모든 역사가 하나님을 계시한다는 주장에서부터, 어떤 역사적인 사건도 계시적인 가치가 없다는 주장까지 다양하다. 헨리는 이들 수많은 신학자들의 주장을 검토해 보았다. 칼 바르트, 루돌프 불트만, 오스카 쿨만, 위르겐 몰트만, 볼프하르트 판넨베르그 등의 주장을 살펴본 후 헨리는 복음주의 신학은 이들의 강조점을 환영한다고 말하고 있다. 즉 하나님의 계시는 외부적이고 객관적인 역사 가운데 드러난다는 것이다.

모든 역사는 하나님의 행동에 개방되어 있으며, 계시는 모든 역사적인 사건들 가운데 현시된다. 계시는 그것이 비록 역사적인 탐구에 의해 증명될 수는 없다 하더라도 정상적인 이성으로 그리스도의 부활까지도 파악되고 탐구될 수 있다. 그리고 역사는 그리스도의 최종적인 심판으로 그 정점에 이르게 될 것이다.

그러나 동시에 헨리는 이들 신학자들이 주장하는 강조점 가운데 다음과 같은 주장들은 반드시 배격해야 한다고 주장한다. 즉 역사가 초자연을 배제함으로써 하나님의 지식을 간접적인 것으로 만들고 기적을 의심하게 만들며, 하나님의 자기 계시를 종말론적인 미래로 격하시키고 있다는 점이다. 복음주의 신학은 계시가 역사적인 탐구에 의존하지 않으며, 하나님은 자기 자신을 역사에서와는 다른 방식으로 드러내신다고 주장한다. 역사적 계시와 성경의 해석은 동일하며, 죄의 본성을 가진 인간은 계시를 이해하기 위해 성경이 필요하다. 로고스를 통한 계시는 하나님과 하나님의 목적에 대한 직접적이고 객관적이며 인지적으로 타당한 정보라는 것이 헨리의 주장이다.[99]

헨리의 여덟 번째 논지는 "하나님의 특별 계시의 정점은 예수 그리스도, 즉 하나님께서 육체 가운데 인격적으로 성육신하신 것이다. 예수 그리스도 안에서 계시의 근원과 내용은

---

99) GRA, II, 309쪽 이하.

하나로 모아지며 일치한다"[100]는 것이다. 하나님은 자신의 신비를 계시하셨기 때문에 더는 은밀한 가운데 있지 않다. 신적인 비밀은 일부 특권 계층에게만 전수된다고 보았던 고대의 신비 종교와는 달리 하나님의 비밀은 이제 '개방된 비밀'이 되었다. 이 계시된 비밀은 "구원의 중보자이신 나사렛 예수가 인격적인 우주적 창조자의 위엄과 구속의 유일한 중재자의 위엄을 지니신다는 것이다. 그리고 부활하신 주님은 구속받은 신자들 – 유대인이나 헬라인 모두 – 의 삶을 자신이 거하시는 장소로 사용하신다"[101]는 것이다.

그리스도는 과거의 날들을 마지막 날들로 대치하심으로써 구약성경의 예언적인 소망을 성취하셨다. 바로 그 마지막 날은 여전히 미래의 일이기는 하지만 그 어느 때보다 임박한 상태이며, 세상을 향해 심판의 때가 다가옴을 경고하고 있다.

예수님은 구약성경이 거룩하고 권위가 있으며 규범적이고 영구하다는 당대의 유대교적인 견해에 동의하셨다. 그러나 예수님은 당시 만연해 있던 유대인들의 구약성경에 대한 태도를 최소한 다섯 가지 방식으로 수정하셨다. 첫째, 예수님은 성경으로 전승을 판단하셨다. 둘째, 예수님은 자신이 유대인

100) Carl F. H. Henry, *God, Revelation and Authority*, Vol. III, *God Who Speaks and Shows: Fifteen Theses, part two*(Waco, TX: Word Books, 1979), 9쪽(이하 'GRA III').

101) GRA, III, 19쪽.

들이 기대하던 그 메시아이심을 주장하셨다. 셋째, 예수님은 구약성경과 대등한 권위를 주장하셨으며 율법의 내적인 의미를 상세히 설명하셨다. 넷째, 예수님은 '새 언약'을 시작하셨으며 성령께서 내적으로 도덕적인 능력을 주신다고 가르쳤다. 다섯째, 예수님은 자신의 삶과 사역에 대하여 성령께서 부여하시는 해석을 선포함으로써 자신의 사도들이 구약성경의 확대와 완성(신약성경의 완성을 의미한다)에 헌신하게 하셨다.[102)]

헨리의 아홉 번째 논지는 "모든 신적인 계시에 있어 중재의 행위자는 선재하시고 성육신하시며, 이제는 영화롭게 되신 영원한 로고스이다"[103)]는 것이다. 로고스이신 예수님은 하나님의 계시의 유일하고 독특한 중보자이시며 창조 생명, 구속 생명, 그리고 부활 생명의 부여자이시다. 그는 계시와 창조, 성육신, 구속, 심판 가운데 하나님의 의지를 드러내신다. 신적인 계시와 동격인 로고스는 전혀 새로운 것이 아니며 전적으로 성경의 인정을 받고 있다. 그리스도에 대한 명칭으로서의 로고스는 「요한복음」의 서문에만 나타나는 특별한 것이 아니라 전체 성경의 흐름과 조화를 이룬다. 로고스는 예수 그리스도 안에 성육신하신 하나님의 마음으로 신성에 있어 중심적인 것이다.

---

102) GRA, III, 47쪽.
103) GRA, III, 164쪽.

존재론적으로 로고스는 성육신하시고 이제는 승천하신 그리스도 안에 결정적으로 집중되어 있다. 일반 계시에서(역사, 자연 그리고 이성 안에서) 모든 사람은 로고스의 진리에 직면하게 된다. 성경은 이러한 진리가 인간의 지적이고 도덕적인 게으름을 심판하고 교정한다고 진술하고 있다. 로고스는 세속인들의 삶 가운데 매일 경험되어지는 것이다. "세속세계의 불신자들은 그들의 삶을 자연주의적으로 상대화시키고 있다. 그러나 그럼에도 불구하고 그들은 간접적이긴 하지만 불가피하게 자신이 하나님의 로고스와 관련이 있다는 관점을 높이 평가하고 있다."[104]

계시의 중재자로서의 로고스에 대한 이러한 강조는 두 가지 오류를 범하지 않도록 돕는다. 첫째는 모든 계시를 나사렛 예수 안에서 발견되는 계시로 축소시키는 것이며, 둘째는 일반 계시를 나사렛 예수 안에 성육신하신 로고스와는 무관한 것으로 다루려는 것이다.

헨리가 즐겨 비판하는 표적 중 하나인 신정통주의는 하나님에 대한 인간의 지식 또는 인간의 신(神) 지식의 형성에 있어 복음주의적인 적절성(evangelical adequacy)에 미치지 못하였다. 신정통주의는 인간이 하나님을 대면함으로써 발견되는

104) GRA, III, 171쪽.

하나님의 말씀에 관심을 모으고 있는데, 이러한 주장을 성경과는 이질적인 방식으로 발전시켰다. 신정통주의는 성경과 로고스를 대립관계로 보았으며, 계시의 말씀이 이성의 대상으로 알려지는 것을 허용하지 않았다. 또한 논리를 로고스와 연결시키지 않았으며, 그러한 기초 위에서 진리의 담지자로서의 명제가 지니는 가치를 평가절하하였다. 이러한 바탕 위에서 그들은 초월적인 것의 전적인 불합리성을 선언했던 '하나님의 죽음'의 신학을 태동시켰으며, 이로써 모든 진리는 사적인 것으로 치부되었다. 헨리는 이처럼 인간의 개념과 종교적인 지식의 대상으로서에서 하나님 사이에서 논리적인 간격을 인정하게 된다면 그 최종적인 결과는 회의주의가 될 것이라고 주장한다.

헨리의 열 번째 논지는 "하나님의 계시는 지적인 개념들과 의미 있는 단어들, 즉 개념적이고 축자적인 형태로 이루어지는 합리적인 의사소통이다"[105]는 것이다. 정통 복음주의에서는 하나님이 자신을 다양한 양식으로 이해할 수 있도록 계시하신다고 주장한다. 신정통주의는 현재적인 사건 또는 그리스도의 부활과 같은 과거의 사건에서 정점에 도달한 신적인 비인지적(non-cognitive)인 자기 계시를 강조함으로써 이러한 복

105) GRA, III, 248쪽.

음주의적인 이해에서 벗어났다.

신정통주의는 명제적 계시에 인격적 계시(인간과 하나님 간의 인격적이지만 비인지적인 대면)를 대비시키고 있다. 이러한 인격적 계시는 현재 개신교 신학에서 보편적으로 이해되는 계시이다. 헨리는 "계시가 어떠한 정보도 전달하지 않으며, 일종의 현상을 변화시키는 전망에 불과하다는 이론은 참과 거짓, 선과 악, 정상과 비정상적인 전망의 구별과 관련되어 어떠한 합리적인 기초도 제공해 주지 않는다"[106]라고 말하고 있다.

헨리는 기독교의 계시를 역설과 논리적 모순으로 묘사하는 신정통주의를 비판한다. 바르트는 하나님의 말씀을 합리적으로 변호하려는 어떠한 시도도 거부했다. 헨리는 계시를 근거로 한다 할지라도 누구도 하나님을 온전히 알 수 없다는 점에 동의한다. 그러나 헨리는 신정통주의와는 달리 신적인 계시의 합리적 성격과 진리의 전달자로서의 인간 언어의 유용성을 확신한다.

헨리는 다른 곳에서와 마찬가지로 종교적 언어도 인지적인 기능을 가지고 있다고 주장한다. 일상 언어는 하나님과 인간이 서로 의사소통할 수 있는 수단이 된다. 언어는 인간과 하

---

106) GRA, III, 252쪽.

나님 사이의 지적인 의사소통과 진리를 전달하는 수단으로서 하나님께서 인간에게 부여하신 선물이기 때문이다. 헨리는 하나님께서 축자적인 정보, 즉 명제적이요 축자적인 신적 계시를 부여하신다고 주장한다. 헨리에게 있어 명제(proposition)는 "참이거나 거짓인 축자적 진술이다. 또한 믿거나 의심하거나 부정될 수 있는 합리적인 선언이다."[107]

하나님께서 인지적인 진리라는 용어로 의사소통을 하신다는 의미에서 성경은 명제적인 계시이다. 하나님의 자기 계시와 성경의 명제적인 진리를 대조하는 일은 불필요하다. 편지, 시, 비유, 그리고 예언과 역사와 같은 다양한 문학적 형식으로 그 메시지를 전달하고 있는 성경은, 적절한 개념을 지닌, 하나님에 의해 전달되는 진리이다. 하나님의 계시가 비명제적인 인격적 진리라는 주장에 대한 성경적인 근거는 없다. 복음주의자들은 모든 신적인 계시가 명제적인 것은 아니지만 성경의 계시는 명제적으로 형성될 수 있다고 주장한다. 명제는 의미와 진리의 최소한의 단위인 것이다.

이러한 칼 헨리의 입장을, 보통 신학에 대한 '성구 사전식(concordance)' 또는 '명제주의적(propositionalist)' 접근 방법이라 부른다. 명제주의자들은 진리를 문화의 영향을 받지 않는(culture-

107) GRA, III, 456쪽.

free) 시간을 초월하는 것으로 진술하기 위해 신학을 문화적 배경으로부터 해방시키고자 한다. 그들에게 올바른 신학이란 "성경의 진리를 보편적으로 참되고 적용 가능한 일련의 명제들로 잘 짜여놓은 신학이다."[108]

스탠리 그렌즈(Stanley J. Grenz)는 신정통주의의 비판에 맞서 보수주의자들이 '명제적(propositional)' 계시와 '인격적(personal)' 계시의 철저한 분리를 인정하지 않은 것은 잘한 일이라고 주장한다. 이로써 보수주의자들은 명제주의에 내포된 기본적인 통찰을 강조하였다. 즉 그것은 "우리의 신앙이 객관적인 하나님의 계시와 결합되어 있으며, 하나님은 진리 – 바로 하나님 자신 – 를 우리에게 보여 주셨다"라는 것이다. 그러나 그렌즈에 의하면 이러한 명제주의적인 입장은 결정적인 결함을 지니고 있는데, 그것은 신학의 역사적 배경을 고려하고 있지 않다는 것이다. 모든 신학적 주장들은 역사적 정황을 배제할 수 없는데, 명제주의자들은 이 점을 간과하고 있다는 것이다.[109]

이 부분에 있어서는 알리스터 맥그래스 역시 스탠리 그렌

108) 스탠리 그렌즈, 『조직신학: 하나님의 공동체를 위한 신학』(고양: 크리스찬다이제스트, 2003), 36f. 그렌즈는 각주에서 "이렇게 성경적으로 강조된, 복음적인 명제주의의 옹호자들 가운데, 20세기 후반기에 가장 현저한 복음주의 신학자로 불리어진 칼 헨리보다 더 지칠 줄 모르는 불굴의 학자는 없었다"(같은 책, 36쪽 각주 14)라고 말하고 있다.

109) 스탠리 그렌즈, 『조직신학』, 37쪽.

즈의 입장과 비슷한 측면이 있다. 맥그래스는 신정통주의 신학자인 에밀 브룬너의 '인격적인 현존(personal presence)'으로서의 계시 개념에 대한 복음주의자들의 반응이 '과민한 반응'이었음을 지적한다. 브루너의 신학에 대해서는 그 인격적인 요소를 배격하지 않으면서 계시의 지식적 내용을 긍정하는 정도로 대응하는 것이 적절하다는 것이다. "그 결과, 칼 헨리와 같은 경우처럼, 특별히 합리주의의 영향을 받은 미국 복음주의는 순수 명제적 성경 계시라는 개념을 지나치게 강조하게 되었다."110)

성경관

헨리는『신·계시·권위』의 3권에서 하나님의 계시는 지적인 개념들과 의미 있는 단어들, 즉 개념적이고 축자적인 형태로 이루어지는 합리적인 의사소통이라는 결론을 내리고 있다. 이와 연결선상에서 4권에서는 성경의 중요성을 다루고 있다. 성

110) 알리스터 맥그래스,『복음주의와 기독교적 지성』, 118쪽. 맥그래스는 복음주의가 어느 면에서는 합리주의의 영향을 받았으며, 특히 미국 복음주의 진영이 합리주의로 나아가게 된 이유는 18세기 후반과 19세기 초반에 이른바 '스코틀랜드 합리주의' 혹은 '상식(common sense)' 철학을 광범위하게 받아들였기 때문이라고 지적한다(같은 책).

경의 권위를 다룬 책이 복음주의와 상관없이 반드시 충족되어야 하는 기준은 무엇인가? 첫째, 계몽주의와 가장 잘 조화를 이룰 수 있는 패러다임을 제공해야 한다. 헨리의 과제는 계몽주의를 무시하는 것(근본주의가 그러한 것처럼)이거나 계몽주의에 항복하는 것(자유주의가 그러한 것처럼)이 아니라, 성경의 완전성이라는 복음주의의 교리를 견고하게 유지함과 동시에 현대적인 지식과 조직적으로 상호작용하며, 계몽주의의 긍정적인 성취를 인정하는 것이다.

둘째, 성경의 권위를 다루기 위해서는 반드시 성경의 인성(humanity)을 실재적으로 다루어야만 한다. 계몽주의의 성경 연구는 성경의 인성을 지나치게 강조함으로써 성경의 신성(divinity)을 저해하였다. 그리고 계몽주의 이후로 성경의 인성과 신성은 적절성을 유지하기가 어렵게 되었다. 인성이 강조되면 신성은 무시되었고, 신성이 보다 강조되면 인성은 무시되었던 것이다. 헨리의 과제는 성경의 인성을 신성으로 포장함으로써 인성을 도외시하는 복음주의자들을 경고하는 것이었다. 헨리는 복음주의자들이 성경의 완벽한 인성에 정직하게 직면함으로써 현대 학문의 타당성을 부정(반계몽주의)하지 않도록 경계해야 했다. 복음주의자들은 성경의 언어와 문화, 그리고 인간적인 측면에 냉철하게 대처함으로써 가현설적[111](docetic, 전적으로 신적이지만 전적으로 인간적이지는 않은)

성경관을 피해야 한다.

셋째로, 성경의 권위를 다룸에 있어 헨리는 복음주의자들이, 성경의 인성을 지나치게 배타적으로 다루는 역사적 비평에 맞서도록 도와야 했다. 근본주의에서는 성경 비평을 받아들이면 성경의 완전성은 받아들일 수 없다고 말한다. 한편 계몽주의에 항복한 자유주의에서는 결코 성경 비평의 정당성을 문제삼지 않으며, 성경의 신적인 기원과 영감, 그리고 성경을 해석하는 전통적인 방식을 포기한다. 복음주의자들은 성경 비평과 관련한 이론들이 너무나 주관적이라며 성경의 비평 방법을 거부하는 경향이 있다.

성경 비평 이론은 사실에 대한 해석을 왜곡하는 자유주의 신학의 성향을 갖거나, 아니면 회의적인 철학적 전제에 속고 있다. 역사적 비평 방법은 여전히 복음주의자들 사이에서 논란의 대상이 되고 있으며, 헨리는 그들에게 이와 상호작용할 수 있는 타당한 가설을 제공하고자 한다. 헨리는 현대적인 용어로 이해된 역사학과 성경에 있는 역사적인 요소들의 신학

111) 가현설(假現說, docetism)이란 초대 교회에 등장했던 기독론에 대한 이단적인 사상으로 그리스도의 신성을 강조하다가 그리스도의 인성을 부인하기에 이른 학설이다. 이는 그리스도께서 육신을 입고 계신 것처럼 보이지만 실제로는 그렇지 않았다고 주장했다. 몰트만에 의하면 모든 경건한 그리스도인들은 가현설적인 이단의 성향을 지니고 있다(『십자가에 달리신 하나님』(서울: 한국신학연구소, 1994) 97, 238쪽).

적인 완전성 양자에 동일한 권리를 부여해야 한다고 주장하고 있는 것이다.

헨리의 열한 번째 논지는 "성경은 하나님의 진리의 보고(reservoir)이며 도관(conduit)이다"[112]는 것이다. 그리스도인들에게 성경은 하나님의 본성과 방식에 관한 믿을 만하고 객관적인 지식의 근원이며, 기록된 권위 있는 말씀이요 하나님의 계시적 행동을 해석하는 것이어야 한다. 오직 성경만이 과거와 현재, 미래에 대한 하나님의 의지와 목적에 대한 포괄적인 개요를 제공한다.

현대 문명은 권위(authority)에 대한 혐오감에 사로잡혀 있다.[113] 권위에 대한 존중은 모든 전선에서 도전을 받고 있으며 성경도 예외는 아니다. 하나님과 하나님의 성경은 점차 세상 밖으로 밀려나고 있다. 지나치게 세속화된 문화 가운데서 무신론은 자연스러운 것이 되었다. 궁극적인 어떠한 것도 부인하려는 현대인은 영적이고 도덕적이며 절대적인 것에 대항했던 고대의 방식을 반복하고 있다.

---

112) GRA IV, 7쪽.

113) 우리 삶 속에서 권위의 중요성과 관련된 책을 읽어 보기를 원하는 독자들은 로이드 존스의 『권위 *Authority*』(서울: 생명의말씀사, 1992)와 레슬리 뉴비긴의 『포스트모던 시대의 진리 *Truth and Authority in Modernity*』(서울: 기독학생회, 2005)를 읽어 보기 바란다.

"고대인과 현대인의 차이는 다음과 같다. 아담은 인류의 시초로서 자신의 반역을 죄라고 부를 수 없었다. 반면에 현대인은 자신의 반역을 진화와 진보라는 이름으로 합리화하고 있다."[114]

모든 권위는 하나님에게서 유래한다. 신약성경에서 우리는 하나님의 능력과 권위가 예수 그리스도와 그의 제자들에게 부여된 것을 보게 된다. 성경은 우리가 그리스도의 위격과 사역에 대해 알 수 있는 유일한 기초가 된다. 그러하기에 성경에는 하나님의 능력과 권위가 깃들여 있는 것이다. 비록 하나님의 말씀이 인간의 말로 기록되어 모순된 듯 보이나, 기독교는 '책(the Book)'의 종교이다. "첫 종려 주일에 나귀를 타신 하나님을 볼 때 우리는 동일한 의미의 모순에 빠지게 된다."[115]

신정통주의의 함정은 성경을 하나님의 본성에 대한 개념적-축자적 계시로 존중하지 않는 것이다. 헨리는 몇몇 복음주의자들조차도 성경의 권위를 변호함에 있어 소심한 태도를 보이고 있다고 말한다. 헨리는 신약성경의 저자들이 어떤 면에서는 당시의 문화적 상황이 반영된 것을 교리로 가르쳤다고 말하는 그들의 입장에 놀라움을 금치 못한다.

예컨대 헨리는 폴 쥬윗(Paul K. Jewett)의 『남자와 여자로

114) GRA, IV, 13쪽.
115) GRA, IV, 39쪽 이하.

서의 인간 *Man as Male and Female*』(1975)에 반대 입장을 보인다. 풀러 신학교 교수인 폴 쥬윗은 그 책에서 남자에 대한 여자의 복종을 가르치고 있는 바울의 본문들은, 예수께서는 이미 초월해버리신 당시의 문화적 배경에 따른 랍비적 전통에 근거한 것이라고 주장하고 있다. 헨리는 쥬윗의 이러한 주장은 성경의 신적인 영감을 배격한다고 말한다. "성경의 가르침에 임의로 권위를 부여하는 문화적인 선호(cultural preference)를 수용하는 20세기의 해석학에 의해 성경에 대한 온전한 신뢰가 무너지게 된다."[116)]

헨리는 복음주의자들의 이러한 태도에 동의하지 않는다. 헨리는 현대 복음주의 신학자들간의 차이를 만드는 것은 각자가 성경의 한 단면을 수용하는 면에서 무엇을 선택하고 거부하는가에 달려 있다고 보았다. 헨리는 예수님의 제자들이 신적인 영감을 받았기에 성경을 권위 있는 것으로, 그리고 그 자체로 신적인 진리로 믿었다고 말한다. 사도들에게 있어 성경의 영감에 대한 공격은 곧 성경의 권위에 대한 공격이 되었을 것이다.

현재 많은 비복음주의 학자들이 성경의 영감은 부정하면서도 그 신적인 권위는 주창하고 있다. "현재의 경향은 성경의

---

116) GRA, IV, 64쪽.

권위를 기능적으로 재정의하여 성경을 어떤 고정된 지적인 내용과 동일시하지 않으려 한다. 이들은 신자들의 공동체적인 삶에서 실존적으로 작용하는 방식에서만 성경의 권위를 인정한다."[117] 성경이 신자들에게 영감을 부여하는 그 순간에만 성경은 영감 되었다고 말할 수 있다는 것이다. 이러한 영감에 대한 기능적인 접근은 사도들의 견해를 부정하는 것이며 성경의 권위를 잠식한다고 헨리는 말한다.

헨리는 워필드(B. B. Warfield)의 주장에 따라 영감 교리가 논리적으로 성경의 권위에 의존하는 것이지, 성경의 권위가 영감 교리에 의존하지 않는다고 주장한다. 성경이 가르치고 있는 교리는 어떠한 교리든 권위 있는 것이다. 성경은 그 자체로 영감 되었으며, 영감과 관련해 성경의 무오성을 가르치고 있다. 이로써 성경의 인지적인 권위를 주장하는 입장은 성경의 기능적 권위를 주장하는 입장에 맞서게 된다. 한편 헨리는 만일 영감 교리가 축소되거나 부정된다면 성경의 권위 자체를 주장할 수 없다고 말한다.

영감에 대한 교리를 신약성경에서 가르치고 있는 개념으로 인정하기를 거부하는 이러한 주장은 어디에서 기인하는가? 헨리는 그 원인을 성경 비평에서 찾는다. 대부분의 비복음주

117) GRA, IV, 68쪽.

의 학자들은 성경 비평이 신적으로 계시된 진리를 담고 있는 신뢰할 만한 문학 작품으로서의 성경관을 저해하고 있다는 데 동의한다. 헨리는 성경 비평이 여전히 초등학문에 속하며, 학자들 사이에서도 근본적인 문제들과 관련하여 심각한 의견 차이를 보이고 있다고 말한다. 성경은 어떤 비평에도 맞설 능력이 있다. 현대의 성경 비평은 모호한 철학적 전제들을 기초로 행해지는 경향이 있다. 또한 성경의 영감과 권위에 대한 기독교의 역사적인 헌신을 완고하게 거부하고 있다.

성경에 대한 기능주의적인 접근은 비록 신적인 영감을 성경 본문의 객관적인 속성으로 인정하기를 거부하고, 성경에 대한 비평적인 분할을 수용하기는 하지만, 나름대로 성경의 권위를 유지하고 있다고 주장한다. 하지만 헨리는 성경에 대한 기능주의적인 접근 역시 성경의 권위를 유지하는 데 실패했다고 말한다. 기능적 접근은 신학으로 하여금 절대적인 진리를 상실한 채 개별적인 선호(private preference)가 신학을 하는 데 유일한 기초가 되게 하였다. 또한 기능적인 견해는 전승을 성경과 동일한 수준으로 격상시킨다. 이에 비해 헨리가 지지하는 고전적인 영감 교리의 권위는 신앙 공동체의 삶이 아닌 성경 본문의 신적 속성과 연관된다.

복음주의자들은 언어의 상징성을 인정한다. 즉, 성경의 저자들이 비유적이라 선언하는 것은 비유적으로 받아들인다.

"그러나 소위 비문자주의자들처럼 어떤 단어가 그 고유의 전통적이거나 상징적인 본성 때문에 어떤 문자적 진리도 전달할 수 없다고 주장한다면, 그들의 주장은 자기모순에 빠지고 말 것이다. 만일 이들의 주장대로라면 진리의 본성에 대한 문자적인 진리 전달은 불가능할 것이기 때문이다. 상징적이지 않은 의사소통이라는 것은 인간적으로 볼 때 불가능하다. 단어나 외적인 표징 없이 타인이 우리가 말하고자 하는 것을 이해할 수는 없기 때문이다."[118] 헨리는 성경적이거나 신학적인 언어가 문학적인 형식과 상관없이 문자적으로 하나님에 대한 진리를 말한다고 주장한다. 즉 개념이나 단어들이 그 자체로 하나님에 대한 믿을 만한 정보를 전달하고 있는 것이다.

헨리는 '문자적인 해석'과 '문자적인 진리'를 조심스럽게 구별하고 있다. 헨리는 신학적인 언어가 하나님에 대한 진리를 문자적으로 표현할 수 없다는 견해를 지지하기 위해 사용되고 있는 현 시대의 다섯 가지 논증을 부정한다. 이들 논증은 다음과 같다. 첫째, 인간의 언어는 신인동형론적이며, 그러므로 그 자체로 하나님에 대한 정보를 제공할 수 없다. 둘째, 모든 언어와 지식은 문화적 배경을 반영하며, 그러므로 상대적이다. 셋째, 유한한 언어는 무한자(the Infinite, 하나님을 말

118) GRA, IV, 105쪽 이하.

함)를 묘사하기에는 너무나 제한적이다. 넷째, 하나님에 대한 언어는 필연적으로 유비적이다. 다섯째, 종교적인 언어는 본성상 은유적이거나 비유적이다.

헨리는 이러한 주장들에 반대하여 다음과 같이 주장하고 있다. "기독교는 하나님에 대한 문자적인 진리를 전달하고 있다는 역사적 복음주의에 반대하는 대안은 거의 설득력이 없으며, 우리로 하여금 회의론에 빠지게 한다. 오로지 한 종류의 진리가 존재할 뿐이다. 종교적 진리는 어떤 다른 진리와 마찬가지로 진리이다. 인간의 언어는 하나님에 대한 진리를 문자적으로 표현하기 위해서라기보다는, 태초부터 인간으로 하여금 자신의 창조주와 주님에 대한 불변의 진리를 향유하고 나누도록 하기 위해 고안되었다."[119]

복음주의자들은 영감에 대해 의견의 일치를 보지 못하고 있다. 워필드가 『성경의 영감과 권위 *The Inspiration and the Authority of the Bible*』라는 책에서 분명하게 표현하고, 팩커(James I. Packer)가 『'근본주의'와 하나님의 말씀 *'Fundamentalism' and the Word of God*』[120]에서 계승하고 있는 표준적인 기준조차 (기독교 신학에서 기꺼이 복음주의적 유산에 동의하는 이들에

---

119) GRA, IV, 128쪽.

120) 흥미롭게도 이 책은 1973년에 옥한흠 목사에 의해 『근본주의와 성경의 권위』(서울: 개혁주의신행협회, 1992, 2판)라는 제목으로 번역되었다.

의해서도) 전적으로 만족스러운 것으로 증명되지 못했기 때문이다. 기본 토대가 되는 영감의 교리에 대한 이러한 복음주의의 위기는 해롤드 린드셀(Harold Lindsell)이 『성경을 위한 전투 *Battle for the Bible*』(1976)라는 책을 출간하면서 공론화되었다.

복음주의적 전통을 지지하는 사람들이라면 성경에 대해 다음 세 가지 사실을 고백해야 한다. 첫째, 성경은 하나님 자신의 말씀이 되어야 하는 방식으로 하나님에 의해 "영감 되었다(breathed out)"(영감). 둘째, 영감은 단지 원본에만 적용된다(영감의 자리). 셋째, 성경은 무오하다(영감의 함축). 반면 복음주의자들이 부정하는 영감에 대한 네 가지 이론이 있다. 구술설(직접적으로 하나님의 개입하셨다), 직관설(종교적인 천재에게 자연적으로 부여된 것이다), 조명설(성령께서 성경 저자들이 자연적으로 부여받은 종교적 천재성을 고양시키셨다), 그리고 역동설(성령께서 저자에게 하나님의 뜻을 보여 주셨고, 저자는 이를 단어와 형태를 자유롭게 선택해 표현했다)이 그것이다.

복음주의자들은 완전 또는 축자 영감으로 알려진 이론(성령께서 저자에게 적절한 생각을 부여하셨을 뿐 아니라 저자가 그 생각을 표현하기 위해 적절한 단어들을 사용하도록 성령께서 인도하셨다)을 지지하였다. 성경의 단어들은 하나님이 영감을 부여하신 단어들이지만 저자의 독특한 문체를 통하여

표현되었다.[121)]

무오한 원본의 축자 영감은 자신을 복음주의자라고 부르지만 워필드나 팩커와 같은 사람들의 견해에 만족할 수 없는 신세대에 의해 도전받고 있다. 이들은 무오성(inerrancy)이 영감으로부터 연역될 수 있다는 점에 회의적이다. 복음주의자들은 네 가지 논증을 사용해 영감을 주장하고 있다. 예수님의 가르침에서, 전체 성경의 가르침에서, 영감이라는 관념에서 그리고 성경의 권위라는 관념에서 무오성이 요구된다.

무오성 교리에 대해 회의적인 사람들은 학문적인 신학에서 성경에 대한 표준적이고 역사적인 비평학적 연구를 무시하지 않는다. 또한 이들은 자신들의 일상생활의 기준이 되는 표준적인 증거들을 도외시하지 않는다. 이와 동시에 이들은 복음주의의 영감 교리를 포기하려 하지 않는다. 그러나 이들은 성경에 대한 자연적이고 정직한 연구도 포기하려 하지 않는다. 단지 오늘날 소유하고 있는 성경은 원본이 아니므로 무오라는 용어를 사용하는 것이 어딘가 어색하다라고 보고 있는 것이다. 그리고 그 대안으로 '무류(infallibility)'라고 하는 보다 모호한 용어를 사용하려 한다. 이들은 무오성 이론의 연역적이고 지성적이며 합리적인 논조를 거북해하고, 무오성 이론이

121) William J. Abraham, *The Divine Inspiration of Holy Scripture*(Oxford: Oxford University Press, 1981), 2~4쪽. Patterson, 112쪽 이하에서 재인용.

성경이 영감에 대해 가르치는 것보다 지나치게 과장된 이론이라고 생각한다.

이에 이들 새로운 복음주의자들은 역사 비평적 방법을 사용하여 「창세기」 1장과 2장의 두 가지 창조 기사의 사실성, 「요나」의 역사성, 「이사야」의 저자 문제, 모세의 부고장에 관한 난제, 「아가」와 「전도서」의 정경에서의 위치, 공관복음서들과 「요한복음」 간의 미묘한 차이 그리고 「요한계시록」을 해석하는 문제들에 대해 새로운 학습을 강요받고 있다.[122)]

더 나아가 이들은 성경의 모순되는 구절들을 억지로 조화시키려 하던 전통적인 방식을 거부하고, 성경의 '문제들'을 지적인 정직성을 가지고 대면하고 있다. 이들이 성경에서 문제삼은 부분은 다음과 같다. 첫째, 역사적인 난점이다. 예컨대, 유다는 자신의 돈을 제사장들의 발 앞에 던진 후 목을 매달아 자살했는가(마 27:3), 아니면 그의 몸이 땅바닥으로(배반의 대가로 받은 밭) 곤두박질쳐 내장이 쏟아져 죽었는가(행 1:18)? 둘째, 이들은 「마태복음」 1장과 「누가복음」 3장, 또는 「창세기」 4장과 「창세기」 5장 사이의 불일치와 같은 족보상의 난점에 직면하게 된다. 셋째, 이들은 예수님의 무덤에 있

---

122) Erling Jorstad, *Evangelicals in the White House: The Cultural Maturation of Born Again Christianity 1960-1981*(New York: The Edwin Mellen Press, 1981), 48f. Patterson, 113쪽에서 재인용.

었던 천사들과 같은 사실적인 문제들을 다루어야 한다. 마태는 무덤에 한 명의 천사가 있었다고 말하고 있다. 마가는 젊은 청년 한 명이 앉아 있었다고 말한다. 누가는 두 사람이 서 있었다고 말하고 있다. 그리고 요한은 두 천사가 앉아 있었다고 말하고 있다.

넷째, 숫자적인 문제가 있다. 예컨대, 「사무엘하」 10장 18절은 다윗이 시리아의 병거 7백 승의 사람들을 죽였다고 기록하고 있으나 「역대상」에 있는 병행 구절은 그 숫자를 7천 명으로 기록하고 있다. 다섯째, 불일치의 문제이다. 다윗 왕으로 하여금 이스라엘의 인구 조사를 하게 한 것은 주님인가, 아니면 사탄인가? 「사무엘하」 24장 1절은 그 주체가 주님이라고 말하고 있으나. 「역대상」 21장 1절은 사탄이 다윗을 선동했다고 주장하고 있다.

여섯째, 「전도서」에 나타난 염세주의와 운명론과 같은 신학적인 난점이 있다. 그리고 일곱째, 도덕적인 문제이다. 시편 기자는 「시편」 137편에서 하나님께, 자신의 대적들을 죽여 주시고 바벨론의 아기들을 바위에 매치는 자들을 축복해 주시기를 요청하고 있다. 이들 일곱 가지 문제는 새로운 복음주의자들이 정직하게 직면하기로 한 대표적인 난점들이다.[123)]

---

123) Michael J. Christensen, *C. S. Lewis on Scripture*(Waco, Tex.: Word Books, 1979), 16-19쪽. Patterson, 113f에서 재인용.

헨리의 열두 번째 논지는 “성령께서는 신적인 계시가 교통하는 것을 감독하신다. 첫째로는 영감을 주시는 자로, 그리고 성경을 통해 주어진 하나님 말씀의 조명자요 해석자로 그렇게 하신다”[124]는 것이다. 헨리는 이러한 견해가 복음주의자들이 성경을, 신적 능력을 힘입어 기계적으로 구술된 결과물로 믿거나, 저자들이 자신들의 정신세계를 신적인 차원으로 고양시켰다고 믿는 것은 아니라고 말한다. 긍정적으로 표현하면 복음주의자는 성경 본문이 객관적인 언어 체계로서 신적으로 영감 되었으며, 일단의 선택된 저자들은 인간성이 파괴되지 않은 채 인간성을 초월한 신적인 정보를 받게 되었다는 것을 믿는다고 말할 수 있다. 더 나아가 하나님은 전체적으로 모든 부분에서 신뢰성을 보장하는 궁극적인 성경의 저자이시다. 이러한 것이 교회의 역사적인 교리라고 헨리는 말하고 있다.

헨리를 포함하여 모든 복음주의자들은 성경의 영감과 권위를 믿는다. 그러나 모든 복음주의자들이 성경의 ‘무오성(inerrancy)’을 지지하지는 않으며, 많은 사람들이 이를 신앙의 교리 기준으로 삼기를 거부하고 있다. 한때 무오성은 복음주의자들 사이에서 큰 이슈가 되었다. 무오성은 성경의 권위와 영감으로부터 추론한 것이지만 몇몇 복음주의자들은 이러한

124) GRA, IV, 129쪽.

우선순위를 뒤집어, 무오성을 어떤 사람이 복음주의자인지 아닌지를 구별해 주는 표지로 만들었다. 예컨대, 해롤드 린드셀과 프랜시스 쉐퍼는 무오성과 성경의 권위에 대한 전통적인 주장을 동일시하였으며, 진정한 복음주의를 시험할 수 있는 기준으로 무오성에 대한 믿음을 제안하였다. 무오성에 대한 논쟁은 해마다 더욱 격렬해지기 시작했고, 그만큼 복음주의 학문에도 어두운 그림자가 드리워지기 시작했다.

대표적으로 프랜시스 쉐퍼는 성경의 무오성 교리를 하나의 시금석과 분수령이 되는 신앙의 요목으로 제시하고 있다. 그러나 쉐퍼는 단지 무오성을 신학적인 토론의 주제로만이 아닌, 실제 성경에 대한 믿음과 결부시켜, 그것을 믿고 우리 생활에 적용하는 것이 무엇보다 중요하다는 것을 강조하고 있다. "성경 말씀에 대한 순종이말로 좋은 기준이 된다."[125] 그리하여 쉐퍼는 자신의 책의 결론부에서 다음과 같이 강조하고 있다.

> 만일 우리가 사랑의 대결도 용감한 대결도 하지 못한다면, 또 원하지 않을 때 분명한 선을 그을 용기도 없다면, 훗날의 역사는 이 시대를 회고하여 다음과 같이 말할

125) 프랜시스 쉐퍼, 윤두혁 옮김, 『위기에 처한 복음주의』(서울: 생명의 말씀사, 1987), 67쪽.

것이다. 즉 몇몇 '복음주의 대학들'은 하버드와 예일의 전철을 밟았고, 몇몇 '복음주의 신학교들'은 유니온 신학교의 길을 걸었으며, 다른 '복음주의 조직체들'은 그리스도의 대의를 영영 상실해버렸다.[126)]

이에 비해 헨리의 입장은 무오성을 지지하긴 하지만, 그것을 복음주의자의 시금석으로 삼는 것은 부정한다.

로버트 존스톤은 『난국의 복음주의자들 *Evangelicals at an Impasse*』(1979)이라는 책에서 무오성에 관해 복음주의자들이 취하고 있는 입장을 네 가지로 구분하고 있다.[127)] 첫째, 린드셀(Lindsell)과 쉐퍼(Schaeffer)와 같은 '상세 무오설자들(detailed inerrantists)'은 성경에 대한 숭고한 견해는 무오성이라는 용어를 빼놓고는 변호될 수 없다고 주장한다. 둘째, 듀이 비글(Dewey Beegle)과 스테판 데이비스(Stephen Davis)와 같은 '부분 무류설자들(partial infallibilists)'은 성경의 저자들이 여러 부분에서 오류가 있을 수 있지만 그것은 믿음의 기초가 되는 교리에 손상을 주지 않는 범위에 한해서라고 믿는다.

셋째로, 클락 피녹(Clark Pinnock)과 대니얼 풀러(Daniel Fuller)와 같은 '평화적 무오설자들(irenic inerrantists)'은 성경

---

126) 같은 책, 175쪽.

127) Robert K. Johnston, *Evangelicals at an Impasse*(Atlanta: John Knox Press, 1979), 15-47쪽. Patterson, 115쪽 이하에서 재인용.

에 오류가 없다고 주장하지만 무오성의 범위는 성경 시대의 표준과 관련해서 이해되어야 한다(성경적 '해석학')고 주장한다. 넷째, 풀러 신학교의 데이빗 허바드(David Hubbard)와 같은 '완전한 무류설자들(complete infallibilists)'은 무오성이라는 용어 대신 '무류성'이라는 용어를 사용한다. 현대적인 의미로 정확성을 함축하고 있는 '무오성'이라는 단어는 성경의 저자들에게는 분명 생소한 용어이며, 이는 오해를 야기시킬 수 있다. 게다가 이러한 주장은 교회로 하여금 주된 과제인 구원을 설교하지 못하도록 하고, 피상적인 성경 연구만을 장려하게 되며, 성경에 생소한 외래적인 범주를 부가하게 한다. 또한 그 자체의 진실성을 대담하게 주장하는 성경에 대해 지나치게 방어적인 자세를 취하게 한다고 주장한다. 이러한 입장에서 무오성에 대한 대안은 '유오성(errancy)'이 아니라 '전적인 무류성(total infallibility)'이라는 것이다. 무류성은 정확성과 엄밀성 대신에 신실성을 주장한다.[128)]

이러한 격렬한 논쟁 가운데 헨리는 적극적으로 성경의 전

---

128) 미국 도르트 대학(Dordt College)의 신학 교수로 있는 심재승 교수는 두 개념 다 성경의 절대 권위를 부정적으로, 어떤 것에 반대하여 설명하고 있으며, 일반적으로 'infallibility'는 실수하지 않는다는 포괄적인 표현이고, 'inerrancy'는 좀더 현대의 정밀한 과학적인 의미에서의 실수나 착오가 없음을 의미한다고 설명하고 있다(『조직신학 I 서론 신론』, 60쪽).

체적인 신실성을 주장한다. 비록 '무오성'이라는 단어가 지니고 있는 부정적인 함축에 만족하지는 않지만, 헨리는 무오성이 삭제해서는 안 될 최선의 용어라고 믿고 있다. 헨리는 무오성을 인정하지 않는 사람들에게 맞서기보다는 그들의 의견을 존중한다. 과신(overbelief, 성경을 그 자체의 인성으로부터 보호하려는 사람들)과 불신(underbelief, 성경 본문에 대해 크게 기대하지 않는 사람들) 사이에 균형을 잡고자 하는 것이다.

헤롤드 린드셀이 상세 무오성을 주장하는 사람들만이 '복음주의자'라는 배지를 달 자격이 있다고 말하자 복음주의자 공동체에 큰 소동이 일어났다. 헨리는 즉각 린드셀에게 강력하게 맞섰다. 그는 무오성을 인정하지 않는 사람들로부터 복음주의의 배지를 제거하려는 린드셀의 숙청(肅淸)을 거부하고, 성경이 그 자신의 무오성을 가르친다는 것을 부인했다. 또한 복음주의 신학교의 교과 과목에서 역사적-비평적 방법을 제거하라는 린드셀의 요구를 거부했다.

헨리는 린드셀이 성경의 권위에 대해 반동적이고 비학문적인 견해를 가지고 있다고 비판한다. "린드셀 박사는 역사적-비평적 방법 자체를 정통적인 기독교 신앙의 적으로 간주하고 있다. 린드셀은 심지어 자신이 인정하는 복음주의 신학교도, 비록 역사적 비평의 자의적이고 파괴적인 전제는 배격하나 결국, 이 비평 방법을 수용하고 있음을 전혀 모르는 듯하다. 분명 린드셀 박사는 적어도 신학교에서 성경에 대한 무비평적이고 비역사적인 접근 방법을 택하기를 원치는 않았을 것이다!"[129] 헨리는 나름의 견해를 통해 복음주의자들 사이에서 무오성에 관한 가장 뛰어난 진술 중 하나를 제시하고 있다. 헨리의 입장은 열띤 토론의 분위기를 진정시켜 주고, 대부분의 복음주의자들이 동의할 수 있는 모델이 될 것이다.

먼저 다섯 가지 부정적인 문장을 살펴보자. 첫째, 헨리는 무오성이 통계와 수치를 보고함에 있어 현대의 역사학적인 방법에 부합되어야 한다고 말하지 않는다. 예를 들어 우주론적인 문제를 알리는 데에서 성경의 저자가 현대 과학의 그것에 부합하리라 기대해서는 안 된다. 둘째, 무오성은 단지 비유적이지 않거나 상징적이지 않은 언어만이 종교적 진리를 전달할 수 있다는 것을 의미하지 않는다. 셋째, 무오성은 구약성경의 본문을 신약성경에서 인용하거나 사용할 때에 축자적인 정확성이 요구된다는 것을 의미하지 않는다. 넷째, 무오성은 복음주의자들이 신뢰할 수 있는 무오한 책을 가지고 있기 때문에 그리스도를 믿는 인격적인 신앙은 불필요하다는 것을 의미하지 않는다. 다섯째, 복음주의적 정통이라고 하는 것이

129) Carl F. H. Henry, "The War of the Word," *The New Review of Books and Religion*, September, 1976, 7쪽. Bob E. Patterson, *Carl F. H. Henry*(Waco, Texas: Word Books, 1983), 113쪽에서 재인용.

이 무오성 교리의 필연적인 결과로서 생겨난 것은 아니다.

이러한 다섯 가지 부정적인 문장으로 헨리는 '과신'의 오류를 교정하고자 시도하고 있다. 복음주의 그룹에서는 "무오성이 의미하지 않는 것"이라는 수식어는 긍정적인 진술만큼이나 중요하며, 이러한 주장은 헨리를 린드셀과 같은 복음주의자들과 구별되게 한다.

다음은 긍정적인 문장이다. 첫째, 헨리는 성경의 신학적이고 윤리적인 가르침뿐만 아니라, 역사적이고 과학적인 문제들도 영감 된 저술의 명확한 메시지에 한해서는 진리에 포함된다고 말한다. 성경은 과학적이고 역사적인 문제를 기술한 교과서는 아니지만, 과학적으로나 역사적으로 정확한 정보를 제공한다. 성경은 주변 환경의 영향을 받지만 그렇다고 비과학적이지는 않다. 성경은 그 시대의 관용어를 사용하고 있지만 기원과 자연, 역사와 미래에 관한 중요한 의미를 내포하고 있다.

둘째, 축자적인 무오성은 하나님의 진리가 성경의 단어들, 즉 저자의 개념과 사상뿐만 아니라 성경의 명제와 문장들에도 부여되어 있음을 의미한다. 축자적인 표현에서 사상은 적절한 단어들을 통해서만 표현될 수 있으므로 영감의 한 부분이 되어야 한다. 논리적 모순이 없으려면 무오한 단어가 필요하다. 진리를 말하는 일은 현학적인 정확성을 초월하는 것이며, 영감은 단순한 구술의 차원을 뛰어넘는다. 무오성은 일관성을 요구하지는 않지만 허위성은 배제한다.

셋째, 축자적 무오성은 원래의 저술 또는 선지자적-사도적 원문만이 오류가 없다는 것을 의미한다.[130] 비서나 대필자를 사용한 것은 사도적 저자들이 내용의 진실성과 정확성을 보증하므로 이러한 주장을 무효화시키지 못한다. 무오한 원문이 존재하지 않는다는 입장을 주장하는 사람들은, 그렇다고 그들이 유오한 원문을 만들어낼 수는 없으므로 아무런 문제가 되지 않는다. 만일 원문이 유오하다면 본문 비평은 우리에게 보다 진정한 독법이 아니라 단지 보다 더 오래된 고대의 독법만을 제시하기를 기대할 수 있을 뿐이기 때문이다.

넷째, 원문의 축자적 무오성은 복음주의자들이 현대의 번역본이나 의역에 최종 권위를 부여해서는 안 되며, 최고의 본문을 추구하고 존중해야 한다는 것을 의미한다. 예컨대, 오랫동안 그 권위를 인정받아 온 흠정역은 실은 열등한 사본에 근거한 것이다. 주요 관건은 최고로 유용한 사본을 번역하는 능력과 성실함에 있다.[131] 하나님의 진리는 객관적인 명제의 형태로 전달되며, 우리가 하나님의 진리의 말씀을 이해하기 위해 반드시 복음주의자가 되어야 할 것을 요구하지는 않는다. 그러므로 복음주의자들은 훌륭한 학문적인 성과를 불신해서

130) GRA, IV, 207쪽.
131) GRA, IV, 210쪽.

는 안 된다. 철학적이고 신학적인 편견이 배제된다고 가정한다면 훌륭한 번역에 있어 가장 중요한 요소는 어학 능력이다.

헨리는 복음주의자의 표지가 십자가에 달리시고 부활하신 예수님이지 무오성에 있지는 않다고 말한다. "신약성경은 성경의 무오성을 선포적인 현저한 특징(kerygmatic superprominence)으로 고양시킬 아무런 근거도 제시하지 않는다."[132] 헨리는 성경의 무오성을, 거짓 복음주의자들로부터 진정한 복음주의자들을 구별하는 하나의 기준으로 선언하려는 헤롤드 린드셀의 의도를 반기지 않는다. 칼 헨리는 자신을 '성경 무오론자'로 분류하고 있고, 몇몇 복음주의자들의 움직임에 대한 린드셀의 염려에 동의하고 있음에도 불구하고 린드셀이 '신학적 원자탄'에 의존함으로써 "적군뿐 아니라 아군들까지도 희생자로 만들고 있다"며 불만을 토로했다.

그렇다면 무오성에 대해 애매한 태도를 취하지만 유오성을 주장하지는 않는 복음주의자들은 어떠한가? 헨리는 몇몇 복음주의자들이 의식적으로 이러한 진영에 속해 있음을 인정한다. "무오성에 대해 애매한 태도를 취하는 복음주의자는 성경이 명확하게 가르치는 것 이상의 문제에 매달리지 않으려는 경향이 있다. 이런 복음주의자는 무오성이 성경의 영감 교리

132) GRA, IV, 365쪽.

에서 비롯된 하나의 추론이지 그 이상의 것은 아니라고 생각한다."[133] 그렇다고 이들을 배교자로 취급해서는 안 된다. 헨리는 무오성이 복음주의의 유산이며 사도 시대 이래로 교회의 규범이 되어 왔다는 점에서 린드셀에 동의한다. 그러나 성경의 영감 교리가 20세기의 근본주의자들에 의해 병적으로 과장된 부산물이라는 잭 로저스(Jack Rogers)의 의견에는 반대한다.[134]

『신·계시·권위』의 4권을 읽은 독자는 헨리가 지적인 의사전달로서의 계시라는 논점을 지나치게 강조하고 있다고 느낄지 모른다. 그러나 독자는 헨리가 성경의 권위, 영감 그리고 무오성과 연계되어 있는 미묘한 문제들을 잘 파악하고 있다는 점에 깊은 감명을 받게 될 것이다. 이에 관한 오늘날의 토론에서 헨리의 책은 얼마나 도움이 될까? 자유주의 진영은 헨리를 학식이 있기는 하지만 괴팍한 정통 신학자라고 비판하며 정당한 평가를 하지 않으려 할 것이다. 그들은 헨리가 인간이 하나님의 계시를 받을 때마저도 역사적인 상대성에서

---

133) GRA, IV, 367쪽.

134) Jack R. Rogers & Donald K. McKim, *The Authority and Interpretation of the Bible: An Historical Approach*(San Francisco: Harper & Row, 1979. 로저스와 맥킴의 주장에 대한 비판에 관해서는 John D. Woodbridge, *Biblical Authority: A Critique of the Rogers/McKim Proposal* (Grand Rapids: Zondervan Publishing House, 1982)을 보라.

벗어날 수 없다는 것을 인식하지 못했다고 비난할 것이다(계시는 간접적이며 객관적이지 않다).

자유주의자들은 헨리가 성경이 본질적으로 전적으로 타락한 인간에 의하여 쓰여진 역사적인 문서임을 인정하지 않는다고 비난할 것이다. 또한 성경은 인간의 말을 하나님의 말씀이 되게 하는 성령과 무관하며, 어떤 객관적인 권위도 가지고 있지 않다는 점을 보지 못한다고 말할 것이다.

한편 근본주의 진영에서는 헨리가 계몽주의를 수용하고, 특히 성경에 대한 고등 비평에 대적하지 않았다는 이유로 그를 부정할 것이다. 또한 헨리가 무오성을 성경에 대한 자신의 첫 고백으로 삼지 않았기 때문에 그를 거부할 것이다.

복음주의 진영에서 헨리는 계몽주의와 충돌하지 않으면서도 여전히 성경의 권위를 유지하고, 성경의 인성을 설명하며, 성경 비평의 긍정적인 혜택을 결합할 수 있는 패러다임을 제공하였는가? 이에 대해서는 세 가지 다른 대답이 주어질 수 있을 것이다. 첫째, 린드셀이나 쉐퍼와 같은 복음주의자들은 헨리가 복음주의 신학의 전통적인 패러다임이 여전히 유효하다고 생각하는 점에서는 옳다고 생각한다. 그러나 헨리가 성경에 역사적인 난점이 존재하며, 그러므로 성경의 온전한 신학적 통일성을 확증할 수 없다고 인정하는 점에 대해서는 비판할 것이다.

둘째, 버나드 램(Bernard Ramm, 1916~92)과 같은 신복음주의자들은 헨리가 더 나은 대안을 위해 복음주의 신학의 전통적인 패러다임을 포기해야 했을 때도 그것을 고집했다고 말할 것이다.[135] 복음주의자들은 현대의 지식과 상호작용할 수 있는 더 나은 방법을 찾고 있으며, 이들은 헨리가 자신이 복음주의자임과 동시에 현대의 학문을 배운 사람으로서 그에 걸맞는 방법을 발전시키지 못했다고 생각한다. 이들은 헨리가 칼 바르트나 모톤 켈시(Morton Kelsey), 그리고 제임스 바(James Barr)와 같은 현대의 학자들과 상호작용하였음을 인정한다. 그러나 이들은 헨리가 그들의 긍정적인 기여를 인정하지 않았으며, 그들의 약점에만 초점을 맞춤으로써 부정적인 이미지를 낳고 있음을 비판하고 있다.

셋째, 상당 수의 복음주의자들은 비록 어떤 점에서는 헨리가 자신들과 의견이 다르다 하더라도 신학적으로 헨리의 영향을 받게 될 것이다. 이들은 헨리가 계몽주의의 유익을 취하고 있고, 성경의 인성을 인정하며, 긍정적인 성경 비평을 받아들이고 있음을 인정한다. 이들은 역사 비평적인 방법이 필

135) Bernard Ramm, *After Fundamentalism: The Future of Evangelical Theology* (San Francisco: Harper & Row, 1983), 26f. Patterson, 124쪽에서 재인용. 램은 바르트의 신학이 복음주의자들에게 신학을 위한 하나의 최고의 모델을 제시해 줄 것이라고 주장한다. 이런 점에서 그는 칼 헨리와는 반대 입장에 서 있다고 볼 수 있다.

수적이긴 하나 예비적이고 잠정적인 방법이며, 오로지 신학적인 해석을 통해 성경이 의미하는 바에 도달할 수 있다는 헨리의 강조를 인정한다. 이들은 또한 비판적인 주제들을 막론하고 증거가 될 만한 정경적인 본문이 존재한다는 헨리의 주장에 호의적일 것이다.

이들은 헨리가 과신이나 불신의 잘못을 범했다고는 생각하지 않는다. 하지만 헨리가 성경을 권위적인 규범으로 취급하는 것은 유용한 방법이긴 하나 성경을 해석하는 것과 관련해서는 여전히 많은 문제를 안고 있다고 판단한다. 예컨대, 성경 무오나 무류 또는 신뢰성(truthfulness) 중에서 어느 용어가 최선의 용어인가? 그리고 성경을 다루는 최선의 방법은 무엇인가? 연역적인 방법(하나님께서 완전하시므로 성경은 완전해야만 한다)이 정당한가? 아니면 귀납적 방법(성경은 또한 인간적이기 때문에 탐구되어야 하고 진리의 체계로 구조화되어야 한다)이 정당한가? 또한 무오성이 먼저인가(린드셀)? 아니면 영감이 먼저인가(헨리)?

성경 본문을 이해하는 데 있어 성경 저자의 의도는 얼마나 중요한가? 우리는 하나님께서 성경 저자들의 제한된 문화적 배경을 인정하신 것을 어떻게 이해해야 하는가? 하나님은 모든 문제에 있어 아니면 비계시적인 문제 또는 대부분의 계시적인 문제들에 대해 모든 오류로부터 성경 저자들을 보호하셨는가?

이러한 질문들은 지금도 복음주의자들 사이에서 논쟁의 쟁점이 되고 있는 문제들이다. 복음주의 전통의 비공식적인 수석 대변인격인 헨리는 이러한 논쟁이 아직도 해결되지 않고 있는 것을 안타까워하고 있다.

헨리는 『신·계시·권위』의 4권에서 나머지 세 가지 논지를 통해 결론을 내리고 있다. 헨리의 열세 번째 논지는 영원한 생명의 수여자이신 성령께서 "각 신자들이 하나님의 진리를 구원론적으로 적용하여 그 능력을 그들의 인격적인 경험을 통해 증언하게 해주신다"[136]는 것이다. 독자들은 헨리가 신적인 계시의 해설자로서 성령에 관해 토론하고 있다는 사실에 놀랄지도 모른다. 복음주의자들은 오랫동안 성경의 영감자로서의 성령은 강조하였지만 해석자로서의 성령의 역할은 무시하였기 때문이다. 열네 번째 논지에서 헨리는 "교회는 각 세대에게 신적인 계시의 실체가 가지고 있는 능력과 기쁨을 반영해 준다는 의미에서 하나님의 나라를 축약해서 보여 준다"[137]고 말하고 있다. 헨리의 열다섯 번째 논지는 "하나님께서 의와 정의를 제시해 주시고, 악을 전복시키고 굴복케 하는 능력과 심판이라는 궁극적인 계시를 통해 자신의 영광을 드러내실 것이다"[138]는 것이다.

---

136) GRA, IV, 494쪽.
137) GRA, IV, 542쪽.

헨리의 주된 관심사 중 하나는 성경의 '명제적인 무오성(propositional errorlessness)'이다. 그러나 합리적인 일관성이라는 문제에 얽매여 신앙의 진리라는 신비를 간과하지는 않는다. 헨리의 저술에 의하면 성경적 메시지의 의도와 목적을 전달함에 있어 성령이 담당하는 결정적인 역할은 종속적일 수도 있다. 그러나 패터슨은 그럼에도 불구하고 독자들은 성령이 헨리의 개인적인 경험에서 매우 큰 비중을 차지한다는 확신을 가지게 될 것이라고 말한다.[139]

지금까지 칼 헨리의 계시관과 성경관을 그의 『신·계시·권위』 2, 3, 4권에 나오는 15가지 논지를 중심으로 살펴보았다. 큰 틀에서 볼 때, 칼 헨리의 계시관에서 그의 명제적인 진리에 대한 집착이 조금은 지나친 측면이 없지 않으나, 무오성을 포함한 성경관에 있어 그가 건전한 신학적 입장을 견지하고 있음을 확인할 수 있었다.

일반적으로 고등 비평과 하등 비평 중 하등 비평이라 할 수 있는 본문 비평 또는 사본학의 방법론은 보수적인 신학자들 사이에서도 수용되어 왔다. 성경의 원본이 없는 상태에서 보다 원문에 가까운 본문을 찾아내고자 하는 신학자들의 고

---

138) GRA, IV, 593쪽.
139) Patterson, 126쪽.

투는 지금도 계속되고 있다. 이에 헨리는 한 걸음 더 나아가 고등 비평의 방법도 선별적으로 수용할 수 있음을 밝히고 있는 것이다.[140)]

모든 비평의 방법은 나름의 한계가 있다. 지금까지의 성경 해석을 뒤집을 만한 새로운 비평 방법이 출현한다면 우리는 그에 대해 조심스럽고 겸손한 태도를 취해야 할 것이다. 이는 지금 우리가 견지하고 있는 성경 비평 방법이 다음 세대의 신학자들의 또 다른 새로운 비평 방법에 의해 얼마든지 대체될 수 있기 때문이다. 비평의 방법론 자체를 무가치한 것으로 치부하는 것도 잘못이지만 어떤 비평 방법을 절대화하는 것도 잘못이다. 그러므로 우리는 새로이 등장하는 비평 방법에 대해서는 상대적인 가치만 부여할 수 있을 뿐이다.

모든 해석은 일종의 가설 내지는 잠정적인 성격을 면할 수 없다. 오직 성경만이 무오하며 영원한 하나님의 말씀이다. 성경에 대한 어떤 해석의 방법 또는 신학 체계가 무오한 것으로 주장하는 것은 지나치게 앞서나가는 주장이 아닐 수 없다. 칼 헨리의 표현을 빌리자면 이것은 '과신(overbelief)'이다.

---

140) 사본 비평에 대해 관심이 있는 독자들은 신현우, 『사본학 이야기: 잃어버린 원문을 찾아서』(서울: 웨스트민스터 출판부, 2003)를 읽어 보라.

11. 삼위일체 하나님의 창조와 섭리

6권으로 구성된 『신·계시·권위』에서 1권은 서론적인 고찰을 담고 있다. 2, 3, 4권은 그 부제가 「말씀하시며 보여 주시는 하나님 God Who Speaks and Shows」으로 계시에 관련된 주제를 폭넓게 다루고 있다. 5권과 6권은 기독교 신론을 개진하고 있으며 「서 계시며 머물러 계신 하나님 God Who Stands and Stays」이라는 부제가 붙어 있다.

이 책은 동료 복음주의자들의 극찬을 받았다. 『크리스채니티 투데이』의 이전 편집장이었던 케니스 칸처(Kenneth S. Kantzer)는 헨리가 복음주의 신학자들의 존경받는 대표자(dean)이며, 이 6권의 책은 "조직신학에 대한 가장 완벽한 서문을 출판을 통해 제공하고 있다"고 말하고 있다. 또 칸처는 이 작품이 20세기 복음주의 신학계의 탁월한 작품이라고 말한다. 로널드 내쉬(Ronald Nash)는 헨리의 작품을 "복음주의의 일치된 신학적 의견을 명확하게 진술"하고 있다고 말한다. 이처럼 이 저술은 로마 가톨릭과 다양한 개신교 진영으로부터 광범위한 호평을 받고 있다.

헨리는 하나님의 본성에 대해 말하기 이전에 우리가 하나님을 진정으로 알 수 있다는 사실을 보여 주어야 한다고 생각했다. 그는 자신의 책 처음 4권에서 이를 시도하고 있다. 1~4권에서 헨리는 다른 사람들의 주장이 어디에서 잘못되었는지를 보여 주기 위해 중요한 지점마다, 어떻게 그리고 왜 신정통주의, 근본주의, 실존주의, 과정 신학, 자연주의, 스콜라주의 등이 성경적이고 복음주의적인 진리로부터 떠났는가를 정확하게 설명하고 있다. 처음 4권에서 헨리는 우리가 어떻게 하나님을 알 수 있는가라는 질문에 대한 해답으로 종교적 인식론, 즉 지식과 계시에 초점을 맞추고 있는 것이다. 5권과 6권에서 헨리는 성경과 그리스도 안에서 계시된 하나님의 본성을 있는 그대로 평가하며 강조하고 있다. 헨리에게 있어서 신론은 기독교를 이해하기 위한 가장 중요한 교리이다.

헨리는 자신의 신론을 세 가지 확신으로 시작하고 있다. 첫째, 헨리는 하나님은 객관적으로 실재적인 존재라고 주장한다. "그리스도인은 세계 그 이상이 존재한다라고 말할 뿐 아니라 세계 이 외의 존재가 존재한다는 사실을 강조하기 위해 '하나님이 존재하신다(God is)'라고 말한다. 사실 하나님이 존재하시므로 세계는 존재할 필요가 없으며 존재하지 않을 수도 있었다."[141] 하나님의 객관적인 존재를 부정하는 것은 기독교를 부정하는 것이다.

헨리는 최근의 두 가지 그룹, 즉 신정통주의와 논리 실증주의를 하나님의 객관적인 존재를 상실한 것으로 비판하고 있다. 신정통주의는 본질적으로 하나님을 인격적-주관적인 신적인 주체로 바꾸었다. 또한 하나님을 사고의 대상으로 만듦으로써 하나님의 실체를 상실하였다. 반면 논리 실증주의는 경험적인 검증을 신학적 주장을 판단하는 기준으로 격상시킨 후에, 하나님이 그 검증을 통과하지 못했다고 선언함으로써 하나님의 실체를 상실했다. 논리 실증주의에서는 감각으로 지각할 수 있는 하나님을 요구하므로 기독교에서 말하는 전통적인 하나님은 무의미한 음절에 불과하다. 헨리는 이 유용하지 못한 두 가지 입장 모두 자기 파괴적이라고 말한다.

둘째, 헨리는 하나님께서는 '계시며(being)', '오시며(coming)', '되신다(becoming)'라고 주장한다. 계시는 분으로서 성경의 하나님은 우주의 초월적인 근거가 되시고, 스스로 유지하시며, 그 자신으로 완전하시고, 내적으로 삼위일체적인 생명을 누리신다. '오시는 분'으로서 영원한 주권자이신 하나님은 세계와

---

141) Henry, *God, Revelation and Authority*, Vol. V, *God Who Stands and Stays*(Waco, TX: Word Books, 1982), 40쪽(이하 'GRA V').

인간을 창조하시고 심판하시며 구속하시기 위해 오셨다. 하나님께서 세계를 무로부터 창조하셨을 때 하나님은 타자를 위한 존재가 되심(to be-for-others)으로 자신을 낮추셨다. '되시는 분'으로서 하나님은 예수 그리스도를 통해 나사렛의 신인이 되심으로 구원 계획을 성취하신다. "하나님의 계심과 오심, 그리고 되심 사이의 성경적인 연결고리는 하나님께서 약속하시고 모두가 대망하고 있는 메시아이다."[142] 하나님은 자발적으로 불변하시는 하나님의 내적인 본성을 드러내시는 인간의 형태로 오셨다.

셋째, 헨리는 하나님께서 살아계시며, 이 하나님이 모든 거짓 신들에게 도전하신다고 주장한다. 하나님은 자신 안에 생명을 가지고 계시며(자존성), 독립적인 자유 의지로써 그 자신으로부터 그 자신에 의해 생명을 소유하신다. 하나님만이 유일한 살아계신 하나님이시며, 이 사실은 앞으로도 영원하다. 하나님이 살아계시므로 모든 유사 신들은 조롱거리나 속임수에 불과하다. 성경은 다른 신들이 존재한다는 여지를 전혀 남겨두고 있지 않다. 살아계신 하나님을 섬기기 위해서는 모든 우상을 거부해야 한다.

하나님의 존재에 대해 이러한 세 가지 진술을 한 다음 헨

142) GRA, V, 58쪽.

리는 하나님의 본질, 본성, 실체 또는 존재에 대한 토론으로 나아가고 있다. 하나님의 본질 또는 실체는 하나님의 속성으로부터 분리되어서는 안 된다. 하나님의 본질은 하나님의 속성들로 이루어지며, 하나님의 속성은 하나님의 본질을 보다 정확하게 정의한다. 하나님은 속성들의 집합이나 부분들의 복합체가 아니다. 하나님의 본성과 속성들은 서로에 대해 절대적으로 필요하며, 각각의 속성은 절대적인 신적 성격을 가진다. 각각의 속성은 여타의 다른 모든 속성에 관계하며, 어떠한 속성도 존재론적으로 다른 속성보다 열등하지 않다. 하나님의 속성들은 하나의 신적인 단일체이다. 사랑, 진리, 전능, 무한, 인격성, 이성, 선하심, 도덕적 완전성, 주재권, 의, 거룩과 그 밖의 모든 속성은 동일하게 하나의 초자연적인 존재로서의 신적인 본질을 이루고 있다.

삼위일체

헨리는 다음과 같이 재치 있게 말하고 있다. "정통적인 복음주의자들 중에 이 교리[삼위일체론]를 부정하는 사람은 그 영혼(soul)을 잃어버리게 되고[그만큼 중요하다는 의미], 반면 이 교리를 설명하려고 애쓰는 사람은 자신의 지성(mind)을 잃게 될 것이라고[그만큼 난해하다는 의미] 말할 것인가?"[143)]

헨리는 삼위일체 하나님에 대한 교리가 충분한 근거가 있으며, 그 대안적인 견해들은 사실에 부합하지 않는다고 주장함으로써 역사적인 기독교 정통 신학의 입장을 반복해서 말하고 있다. 헨리는 "기독교 신학은 세 신이 한 하나님이라거나 고립된 세 인격이 한 하나님이라고 말하지 않는다. 기독교 신학은 한 하나님 안에 세 가지의 영원한 인격적인 구별이 존재함을 말하고 있다. 간단히 표현하면 1Y에 3X가 있는 것이다."[144]

정통적인 삼위일체 교리는 성부, 성자, 성령 삼위께서 한 신적 본성 안에 영원토록 함께 존재하신다는 것이다. 이것은 단일신론(monotheism)의 삼위일체론적인 형태이다.[145] 이것은 살아계신 한 분 하나님의 복합적인 인격적 일치를 강조하는 방식이다. "삼위일체 교리는 포괄적이고 일관성 있는 방식으

143) GRA, V, 165쪽.

144) GRA, V, 165쪽.

145) 이러한 의미에서 몰트만이 단일신론에 대해 드러내고 있는 혐오감은 정당성이 없어 보인다. 몰트만의 단일신론에 대한 부당한 배격에 대한 리처드 노이하우스(Richard Neuhaus)의 반론을 확인하고 싶다면 Ted Peters, "Moltmann and the Way of the Trinity," *Dialog* 31(Fall, 1992), 278쪽을 보라. 노이하우스에 의하면, 몰트만은 '쉐마 이스라엘'이라는 성경의 기본적인 진술을 진지하게 다루고 있지 않으며, 우리의 신앙은 단일신론을 반대하는 것이 아니기에 삼위일체론적 단일신론이나 단일신론적인 삼위일체론이 우리의 선택이 될 수 있다.

로 신약성경의 가르침과 언어를 형성하고 있다. 신약성경의 신론을 다른 틀에서 이해하는 것은 성경의 자료를 지나치게 단순화하는 것이요, 성경의 계시를 빈곤하게 하는 것이다. 또한 유일하시고 진실하시며 살아계신 하나님에 대한 부적절하고 이단적인 견해에 빠지게 한다."[146]

헨리는 삼위일체론은 밝히 드러나야 하고, 복음주의자는 성경이 담대하게 말하는 것을 담대히 말하고, 성경이 유의하라고 요구하는 것에 대해서는 조심스런 자세를 취해야 한다고 말한다. 헨리는 복음주의 신학자들이 현재의 삼위일체론에 대한 토론에 거의 기여한 것이 없다고 말한다. 또한 복음주의 교회는 삼위일체 교리를 거의 언급하지도 않고, 설교의 주제로 삼지도 않는다고 말한다. 헨리는 복음주의자들에게 존재론적인 의미뿐만 아니라 실천적인 면에서도 삼위일체 교리로 돌아갈 것을 요청하고 있다.[147] 하나님은 궁극적인 영이시며,

146) GRA, V, 208쪽.

147) 바야흐로 지난 20세기는 삼위일체론의 부흥기였다라고 규정할 수 있을 정도로 현대 신학에서 삼위일체론은 새로운 주목을 받고 있다. 개신교의 칼 바르트, 가톨릭의 칼 라너(Karl Rahner)에 의해 촉발된 삼위일체론에 대한 토론은 몰트만(Moltmann)과 판넨베르그(Pannenberg) 등이 가세하면서 금세기까지 이어지는 신학의 커다란 흐름으로 자리 잡고 있다. 20세기의 삼위일체론에 대한 토론을 살펴보고자 한다면 필자가 쓴 「관계성의 신학으로서의 삼위일체론의 부흥」, 『개혁신학』 16 (2004. 11.), 13-49쪽을 참조하라.

비물질적이고 불가견적이며, 자기 의식적이고 자기 결정적이시다. 복음주의자들은 이것이 어떻게 자신들의 기독교 순례 여행에 적용되는지를 살펴볼 필요가 있다.

하나님(성부, 성자, 성령)은 무한하시고 영원하신 분인가? 아니면 제한적이고 시간에 구속된 분이신가? 기독교 정통 신학은 전통적으로 하나님은 유한한 우주의 무한한 창조주시라고 주장해 왔다. 하나님은 시간의 제약을 받지 않으시고, 영원하시지만 전능하신 분으로 역사에 관여하신다. 헨리는 구약성경이나 신약성경이 하나님에 대해 "무한"이라는 정확한 용어를 사용하고 있지는 않음을 인정하고 있다. 그러나 무한은 자기를 계시하시는 하나님의 속성들 중 하나로 주장되어야만 한다. 우주는 유한하지만 하나님은 그렇지 않다.

하나님의 무한성에서 추론되는 필연적인 결과는 하나님의 영원성이다. 지혜, 의, 전능, 전지와 같은 하나님의 속성들은 하나님이 우주를 창조하시기 이전의 하나님의 본성을 규정해 준다. 하나님에게는 시간의 연장이라는 것이 없다. 하나님에게는 시간적인 한계가 없다. 하나님의 영원성에 대해서는 현재 세 가지 견해가 있다. ① 하나님은 시간의 제약을 받지 않으신다. ② 하나님은 유한하고 제한된 시간적인 지속을 가지신다. ③ 하나님은 과거와 미래의 구분이 없는 '영원한 현재'에 살고 계신다. 헨리는 첫 번째 견해를 선호한다. 이 교리에 대해서는 복음주의 진영 안에서 '영원하신 하나님(God everlasting)'이라는 전통적인 기독교 신학의 입장을 배격하려는 일단의 신학자들과 열띤 토론이 전개되고 있다.[148)]

성경은 하나님의 영원성 문제를 어떻게 조명하고 있는가? 헨리는 하나님의 시간적 제약을 받지 않는 영원성이나, 시간이 하나님의 본성과 관련한 것에 대해 성경이 아무런 명확한 선언을 하고 있지 않음을 우리가 인정해야만 한다고 말한다. 헨리는 성경의 가르침을 적절하게 해석하면 하나님의 개념 안에 함축되어 있는 필연적인 진리인 하나님의 무시간성으로 인도된다고 생각한다. 하지만 부정적으로, 하나님의 무시간성 교리가 하나님을 화석화시키거나 하나님의 창조와 보존, 역사 안에서의 활동 또는 그리스도 안에서의 성육신을 배제하는 것으로 이해되어서는 안 된다.

헨리는 "복음주의 정통은 하나님이 전체 시공의 우주와 역동적이고 영속적인 인격적 관계를 가진다고 확신한다. 또한 복음주의 정통에서는 시간이 '환영(illusion)'이기보다는 하나님께서 우주를 형성하시고 정돈하시며 유지하시는 것과 관련

148) 이 부분에 있어서는 벌코프와 버스웰의 입장도 서로 상반된다. 벌코프는 전통적인 하나님의 영원성에 대해 시간적 제약을 받지 않는다는 교리를 고수하는 쪽이라면 버스웰은 이에 반대하고 있다(올리버 버스웰, 권문상·박찬호 옮김, 『조직신학』 1권[서울: 웨스터민스터 출판부, 2005], 75쪽 참조).

있는 하나님의 피조물이라고 선언하고 있다"[149]고 말한다. 시간은 실재적이지만 시간적인 사건들이 하나님을 시간화하지는 않는다.

만일 하나님이 영원하시다면 하나님의 지식은 영원하며 완전하다(즉 하나님은 전지하시다). 하나님은 영원하시므로 하나님의 지식은 아무런 시간적인 제약도 받지 않는다. 하나님의 영원성을 부정하는 것은 하나님의 전지성을 부정하는 것이다. 하나님의 인식은 시간적인 활동이 아니지만 하나님의 영원성은 하나님을 그 피조물과의 시간적인 관계에서 배제하지 않는다.

"내가 보기에 성경의 견해는 하나님은 시간을 초월하신 분임을 함축하는 것 같다. 하나님에게 있어 개념의 계승(succession)이란 것은 없다. 시간은 우주의 기원과 병존하는 하나님의 창조물이다. 하나님은 시공간의 우연적인 사건들을 포함하여 모든 일에 전지하시다. 이러한 지식은 피조 된 우주에 만연한 시간적인 계승에 대한 지식을 포함한다."[150] 하나님은 과거와 현재와 미래를 아신다. 하나님은 인간이 자의적으로 무엇을 선택할지를 아신다.

하나님이 영원하시다는 것은 하나님의 불변성을 수반한다.

---

149) GRA, V, 260쪽.
150) GRA, V, 276쪽.

삼위일체적이고 영원하시며 전지하신 하나님은 변화하지 않으신다. 하나님은 증가하지도 감소하지도 않으신다. 하나님은 발전이나 퇴보에 종속되지 않으신다. 성경은 특별히 하나님의 도덕적인 일관성과 윤리적인 영속성에 대하여 강조하고 있다. 과정 철학은 하나님께서 우주와 시간과 함께 성장하신다고 주장한다. 헨리는 만일 그렇다면 하나님은 결코 자신을 온전하게 아실 수 없다고 말한다. 불변성이 없이는 하나님의 다른 모든 속성들은 그 효능을 상실하고 만다. 헨리는 외적인 제약에 의해 하나님의 능력이나 현존에 존재론적이거나 인식론적인 내적인 변화가 허용되어서는 안 된다고 주장한다.

하나님은 만유의 절대적인 왕이시다. 하나님은 전능하시다. 하나님의 절대적인 능력은 하나님의 무로부터의 창조와 우주의 유지를 통해 계시된다. 성경은 그 어디에서도 '전능'이라는 용어를 사용하지 않는다. 그러나 시작부터 성경은 인간과 세계의 전능하신 창조주로서의 하나님에 초점을 맞추고 있다. 하나님은 자신이 원하시는 것을 하실 수 있으며 항상 선한 일을 하기 원하신다. 하나님의 능력과 의는 항상 함께한다. 하나님께서 자신의 능력으로 하실 수 없는 것이 있는가?

헨리는 하나님의 가능성과 불가능성에 제한이 있다고 말한다. 헨리는 "하나님은 우주를 창조하실 때 도덕적이고 수학적인 구분을 만드셨다. 그러므로 악이 덕이 되고, 2 곱하기 2가

3이 되게 하실 수 없다. 하나님은 그 자신에게 신실하시며 자신의 창조에 부여하신 상대적인 통일과 연속성에 신실하시다"[151]라고 말한다. 하나님의 자유 의지는 변함이 없으며 질서정연하다. 하나님은 그 본성이 논리적이시므로 모순율(the law of contradiction)을 원하셨다. 모순은 하나님이 창조하신 세계에서는 난센스가 된다.

악의 문제(20세기 신학의 가장 골치 아픈 문제 중 하나)는 하나님의 전능성에 의문을 제기하였다. "전 세계적으로 자연적이고 도덕적인 악이 만연한 것은 하나님의 전능에 대한 토론을 특별한 문맥 가운데 자리하게 했다."[152] 헨리는 이 문제를 『신·계시·권위』 6권에서 상세하게 다루고 있다. 하나님의 능력은 예수 그리스도의 주 되심 가운데 가장 분명하게 드러나 있다. 헨리는 "예수 그리스도께서 그 가운데 온전하게 기능하지 못하게 하는 현대 교회의 실패는 20세기 교회론에 있어 최악의 스캔들이다"[153]라고 말하고 있다.

과정 신학

성경적 유신론 이 외에 하나님을 세계와 관계시키려 시도

151) GRA, V, 319쪽.
152) GRA, V, 312쪽.
153) GRA, V, 330쪽.

한 네 가지 주요한 이론이 존재한다. ① 동인(efficient cause)으로서의 하나님은 이전에 존재하고 있던 질료와 형상으로부터 우주적인 과정을 만들어내신다. ② 하나님은 신적인 존재로부터의 내적인 자기 현현 또는 유출로 일어나는 우주적 과정의 근원이시다. ③ 하나님은 계속되는 우주적 과정에서 지속적으로 변화하는 최종 단계이시다. ④ 하나님은 우주적 과정의 목적인(final cause)이시다.[154] 이 가운데 어느 것도 성경의 견해는 아니다. 하나님이 목적인이라는 네 번째 견해는 현대의 과정 철학 또는 과정 신학의 입장이다. 과정 신학은 어떤 측면에서는 유대 기독교적인 유산을 부정하면서도 어떤 측면에서는 이를 지지한다. 고전적인 기독교 유신론에서와 같이 과정 신학은 초자연주의에 대한 관심을 포기하지 않는다.

역사적으로 신학자들은 그 논적들과 관련하여 자신의 입장을 진술하고 있다. 어떤 면에서 이단은 정통의 어머니이다. 자신의 계시론을 진술하면서 헨리는 신정통주의를 주된 논적으로 하여 자신의 견해를 진술하고 있으며, 신론(특히 창조주로서의 하나님)을 진술하는 곳에서는 과정 신학을 자신의 주된 논적으로 삼고 있다. 이 시점에서 헨리의 주된 논적인 과

154) Carl F. H. Henry, *God, Revelation and Authority*, Vol. VI, *God Who Stands and Stays*(Waco, TX: Word Books, 1983), 26쪽(이하 'GRA VI').

정 신학에 대해 간략하게 살펴보는 것이 도움이 될 것이다.

과정 신학은 특별히 출간된 알프레드 노스 화이트헤드(Alfred North Whitehead, 1861~1947)의 『과정과 실재 *Process and Reality*』(1929)라는 책에 기술된 사상에 그 뿌리를 두고 있다. 이 책에서 화이트헤드는 하나님은 영원한(또는 원시적) 본성과 시간적(결과적) 본성 양자를 가지고 계신 분이라고 주장한다. 이러한 생각은 찰스 하트숀, 존 캅 2세, 다니엘 데이 윌리엄스(1910~73), 슈버트 오그덴, 노먼 피텐거 등에 의하여 신학에 원용되었다. 이들 신학자들은 헨리의 신론에 대한 토론에서 반복해서 등장하고 있다.

과정 신학의 기본적인 주장은 실체라고 하는 것은, 만유를 포괄하여 설득하는 목적(persuasive purpose)이신 하나님에 의하여 창조적인 진보를 향하여 나아가는 가치를 추구하는 사건들로 이루어진 유기적인 사회(organic societies)로 구성되어 있다는 것이다.[155)]

영국 출신의 화이트헤드는 케임브리지 대학에서 30년 이상 수학을 가르쳤으며, 그 후 10년 동안을 런던 대학에서 교사 행정가로 재직하였다. 60대 중반에 화이트헤드는 하버드 대

---

155) 과정 신학에 대한 간략한 설명과 그 문제점에 대해서는 로널드 내쉬, 『현대의 철학적 신론』(서울: 살림출판사, 2003), 25-47쪽을 참조하라.

학에서 교수로 재직하며 미국에 엄청난 영향을 미쳤다. 대략 6권의 저술에서 화이트헤드는 "과정 가운데 있는 세계"라는 표제 아래 매우 포괄적인 세계관을 개진하였다. 그의 가장 근본적인 생각은 모든 실재의 진화는 진지하게 고려되어야 한다는 것이다. 실재는 정적인 존재가 아니라 역동적인 과정이다. 간략하게 기술하자면 화이트헤드의 입장은, 우주란 그 안에서 보다 작은 유기적인 전체들이 다양한 의식 수준에서 느낌이나 '파악(prehension)'의 체계에 의하여 서로 관련되어 있는 유기적인 전체라는 것이다. 어떤 사건이나 일을 시작하시고 인도하시는 원칙이신 하나님의 설득에 의하여 그러한 유기체들(구성적인 사건이나 실재들)은 폭넓은 선(善)을 나눔으로써 성취할 수 있는 가능성을 향해 이동하게 된다.

우주는 어떤 행동의 과정을 선택하거나 거부함으로써 가능태에서 현실태로 이동하는 '에너지 사건들'('사물'의 집합체가 아니라)의 사회이다. 모든 실재는 다른 모든 실재에 의하여 영향을 받으며 스스로도 그들에게 영향을 미친다. 실재들은 강제적인 능력이나 잔혹한 힘보다는 설득과 사랑에 보다 더 잘 반응한다. 하나님은 우주와 함께 과정 가운데 계시며, 우주와 함께 기뻐하시고 우주와 함께 고통스러워하시며, 우주를 인도하시고 우주에 의해 부요해진다.

고전적인 서구 신학은 헨리가 말하고 있듯이 일반적으로

불변하는 진리와 실재의 영역이 존재한다고 믿어 왔다. 과정 신학은 이러한 견해를 두 가지 이유에서 반대한다. 첫째, 전통적인 서구 신학의 입장은 내적으로 모순된다는 것(하나님은 동시에 자유로우시고 필연적일 수 없다)이요 둘째, 이러한 신학적인 입장은 하나님의 존재에서 기독교의 본질적인 하나님의 어떤 특징을 배제하게 된다(성자께서 고통당하시는데, 성부는 옆에서 무감각하게 서 계실 수 없다는 것이다). 과정 신학자들은 고전적인 기독교 신학이 하나님의 안정성(stability)을 주장한 것은 옳았지만 하나님의 역동성(dynamism)을 주장하지 못한 것은 잘못이라고 말한다.

이와 대조적으로 과정 신학의 신론에서 하나님은 전적으로 우주적인 과정과 시간에 연루되어 계시고 자신의 창조와 함께 운행하시며, 단지 과거와 현재에 대해서만 전지하시다고 말한다. 하나님은 범신론에서처럼 우주와 동일시되어서는 안 되며, 우주에 연루되어 있으시다. 또한 자신의 피조물과 함께 고통을 당하신다(만유재신론).[156] 우주 안에서 일어나는 모든

---

156) 만유재신론(panentheism)은 범신론(pantheism)과 연결하여 범재신론이라 번역하는 것이 더 바람직하다는 것이 필자의 생각이다. 그러나 만유재신론이라는 용어가 널리 사용되고 있으므로 필자도 만유재신론이라는 용어를 쓰기로 한다. 만유재신론에 대한 현대 신학에서의 토론을 살펴보려면 필자의 졸저 『판넨베르그 신학 비판』(서울: 웨스트민스터 출판부, 2003)의 서론 부분을 참조하라.

일은 그것이 선하든 악하든 하나님께도 일어난다. 여기에서 하나님은 안정적인 동시에 역동적이시며, 불변하시는 동시에 무한히 상대적인 분이다.

모든 것은 아원자(亞原子, subatomic) 입자에서부터 가장 복합적인 자기 의식적인 인격에 이르기까지, 다른 모든 순간적인 사건들에 관계되어 있는(존재한다는 것은 관계되어 있다는 것이다) 일련의 순간적인 사건들(실체들이 아니라)이다. 모든 실재를 경험하고 기억함으로써 하나님은 순간적인 사건들에 응집력과 통일성을 부여하신다. 과거를 기억하시고 미래의 가능성을 바라보심으로 하나님은 시간이라고 하는 컨테이너에서 보다 고양된 내일의 선을 위해 계속적으로 풍성해지고 있는 '재료(material)'의 보고를 제공하시는 것이다.

과정 신학의 신관은 주된 장점과 단점을 가지고 있다. 과정 신학자들은 고전적인 신학과는 달리 하나님은 불변적인 실체가 아니라고 주장한다. 그러나 그들은 하나님께서 어떻게 행동하시는가를 언급하는 부분에서 문제점을 안고 있다. 하나님의 기능은 과거의 모든 것을 경험하시고 기억하시는 것이며, 이것은 우주적인 기억과 같이 본질적으로 수동적인 역할이다. 과정 신학자들은 하나님께서 창조세계에서 운행하시는 방식을 묘사하기 위해 '영향(influence)'이나 '매력(lure)'과 같은 단어를 즐겨 사용한다. 과정 신학자들은 우주적 과정에 내재되어 있는 불가피한 진보로 하나님에 의해 시작되는 특별한 행동이 불필요하다고 말하는 듯하다. 정통 기독교에서는 하나님의 주도권이 창조와 성육신과 종말론에서 본질적인 역할을 하고 있지만, 과정 신학에서는 부차적인 역할로 전락하고 만다. 성경은 과정 신학이 허용하는 것 보다 훨씬 더 '행동적인' 또는 '능동적인(activist)' 하나님을 요구할지 모른다. 명백하게 과정 신학은 "하나님의 행동"과 같은 문구가 세속인들로서는 믿을 수 없는 신화를 포함하고 있다고 결론내리고 있다.

헨리는 과정 신학의 하나님은 성경의 하나님이 아니라고 비판한다. "과정 신학에서는 성경의 권위가 결여되어 있을 뿐 아니라 합리적인 일관성과 정합성, 경험의 전적인 지지도 결여되어 있다."[157] 이와 함께 과정 신학에 대한 관심이 점차 약화되고 있음을 지적하고 있다.

과정 신학은 어떤 면에서 현대 기독교 신학의 이난과도 같은 사리를 차시한다. 보든 시대의 이단이 그러하듯 어떤 면에서 이단은 정통 신학의 형성에 일부 기여를 하는 경우가 많은데 과정 신학도 그러한 경우라 할 수 있다. 과정 신학은 범신론과 토마스주의적 유신론 둘 다 수용할 수 없는 양극단으로 본다. 과정 신학자들은 토마스주의적 하나님의 속성 8가지 모

157) GRA, VI, 74쪽.

두를 배척한다. 그들은 하나님이 순수 현실태라는 것을 부정하며, 하나님의 불변성과 비피동성 모두를 거부한다.

과정 신학의 하나님은 시간과 떨어져 있지 않다. 하나님의 존재는 꼼짝할 수 없으리만치 시간의 과정에 연루되어 있다. 과정 신학의 하나님은 단일하지 않다. 하나님의 필연성이 자존성(aseity, 세계로부터의 하나님의 독립)을 의미하는 것으로 이해되는 한, 과정 신학은 이 교리 역시 부정한다. 과정 신학자들은 그들의 하나님이 전통적인 기독교 유신론자를 만족시킬 수 있는 범위에서 전능하지도 전지하지도 않다는 사실을 분명히 한다.

과정 신학자들의 주장에 대해 내쉬는 "토마스주의적 유신론, 아니면 만유재신론이라는 양자택일을 배타적으로 요구해서는 안 된다. 다른 대안이 있을 수 있다. 토마스주의적 유신론과 과정 신학을 양극단으로 생각하고 그 사이에서 다양한 다른 대안들이 발견될 수 있다고 생각하는 것이 최선이다"라고 주장한다. 더 나아가 내쉬는 "기독교 유신론은 하나님과 피조물 사이의 어떤 진정한 관계를 부정할 필요가 없다. 마찬가지로 하나님의 불변성이나 완전성도 부정할 필요가 없다. 기독교 유신론자는 심지어 불변하시고 완전한 하나님도 변화하실 수 있다는 점을 인정할 수 있다. 인간 존재는 하나님께 어떤 차이를 만들 수 있다"고 주장하고 있다. 이런 점에서 하나님 개념을 정당하게 다루도록 자극한 것은 과정 신학의 긍정적인 기여라고 할 수 있을 것이다.

창조주 하나님

헨리는 창조에 대한 토론을 개혁자들이 시작했던 지점에서 시작하고 있다. 즉, 세계와 인간의 사건들을 하나님이 미리 작정하셨다는 것에서 시작하고 있는 것이다. 헨리는 주저함 없이, 하나님은 어떤 사람은 구원하시기로, 또 어떤 사람은 구원하지 않기로 예정하셨다고 말한다. "하나님께서는 그럴 만한 자격이 없는 인간을 구원하기로 선택하심으로써 자신의 사랑을 보이시고, 또한 자격 없는 인간을 구속적인 면에서 간과하심으로 정의를 보여 주신다."[158] 헨리는 성경이 선택 교리의 핵심에서 하나님의 사유를 지적하고 있다고 말한다. 헨리는 하나님의 선택에 대하여 제기되는 세 가지 반대를 다음과 같이 열거하고 있다. ① 하나님께서 미리 작정하시는 것은 인간의 자유와 모순된다. ② 작정은 하나님을 죄를 만드신 분으로 만든다. ③ 작정은 열심히 노력해야 하는 모든 인간적인 동기를 약화시킨다.

---

158) GRA, VI, 107쪽.

이에 대해 헨리는 선택이 인간에게 자유를 부여하며, 하나님께서 악을 행하실 수 없으며, 성경이 하나님의 선택과 구주에 대한 인격적인 영적 결단과 믿음을 연결하고 있다고 대답한다. 성경은 도덕적인 책임을 가르치고 있으므로, 하나님의 섭리는 어떤 사람을 그 사람의 '운명'에 맡기는 것을 배격한다. 선택은 두려움과 공포의 메시지가 아니라 기쁨의 메시지이다. 하나님은 일부 사람만 선택하셨지만 하나님은 모든 사람에 대해 선하시므로 자유하는 가운데 사랑으로 그렇게 하신다. "하나님의 주재권은 절대적이기는 하지만 독재적이지는 않다. 하나님은 자신의 능력을 불의하게 사용하지 않으시며, 어떤 사람도 그리스도를 향한 개인적인 결단과는 무관하게 강제로 구원하시지 않는다."[159]

전능하신 창조주 하나님에 대한 교리를 다루면서 헨리는 이 교리가 교회의 모든 주요한 교리의 기본 원칙이라고 말하고 있다. 헨리는 『신·계시·권위』 6권에서 이 교리가 자신의 체계에서 중요하다는 점을 지적하며, 143쪽에 해당하는 분량을 이 교리를 설명하는 데 할애하고 있다. 헨리는 「창세기」 1장과 2장의 내용을 매우 조심스럽게 다루고 있으며, 성경의 설명이 사실적이거나 문자적이라고 주장하고자 한다. 그러나 헨

159) GRA, VI, 107쪽.

리는 「창세기」 1장과 2장의 기록을 일종의 과학 교과서로 변질시키는 함정에 빠지지는 않는다. "만일 적절한 해석학의 원칙이 준수된다면 창조 기사 안에서 문자적이고 비유적인 의미를 구분하는 것이 불가능할 이유가 없다."[160)]

총 6권의 『신·계시·권위』를 집필하던 시절(1976~83)의 칼 헨리.

헨리는 창조 기사가 신화나 상징과는 대조되는 명백한 산문으로 이해되기를 원하지만, 그는 그것이 그리 간단한 문제만은 아니라는 것을 잘 알고 있다. 과학(예컨대, 지질학적인 시대)만을 위해 「창세기」 1장으로 돌아가는 것은 신학의 논점을 놓쳐버리는 것이며, 「창세기」 1장이 단지 구원의 드라마일 뿐이라고 말하는 것(예컨대, 상호인격적인 관계성)은 현대 과학에서 「창세기」 기사가 가지는 가치를 상실하는 것이다. "물론 창조 기사가 과학적인 의도를 가지고 쓰이지 않은 것은 사실이다. 창조 기사는 그 주장의 근거로 실험적인 관찰과 검증을 제공하지 않는다는 점에서 비경험적이다. 그러나 다른 의미에서 창조 기사는 매우 과학적이며 넓

160) GRA, VI, 116쪽.

은 의미에서 경험적이다. …… 창조 기사는 시공간을 초월해 모든 세대에게 쉽게 이해될 수 있는 언어적인 내용을 채택하고 있다."[161]

헨리는 성경이 어떻게(how) 창조하였는가보다는 누가(who) 창조하였으며, 왜(why) 창조하였는가를 말하고자 한다는, 동료 복음주의자 버나드 램(Bernard Ramm)의 말을 인용하고 있다. 그러나 헨리는 어떻게에 대한 부분도 성경에는 어느 정도 나타나 있음을 인정한다. 예컨대 하나님은 시간적인 순서에 따라 단번에, 그리고 반복적인 행동으로 자신의 명령에 의해 창조를 실행하신다. 「창세기」 1장과 현대 자연 과학 사이에 분명한 충돌점이 있기는 하지만, 헨리는 성경 주해를 과학적인 결정론에 내어 주기를 원치 않는다. 헨리에게 있어 하나님의 창조의 주된 방법(어떻게)은 무로부터 창조하셨다는 것이다. 이것은 우주의 출현이 궁극적인 필연성이 있는 사건이었으며, 불가피한 신적인 유출이 아니었다는 것을 의미한다.

무로부터의 창조는 또한 다른 기원에 대한 대안적인 두 주장을 배제한다. 우주가 항상 존재하였다는 것과 자기 원인적이라는 주장이 그것이다. 무로부터의 창조는 현대 천문학에서 말하는 세 가지 기원에 대한 이론와 충돌한다. 빅뱅이론(수소

---

161) GRA, VI, 114쪽.

의 폭발로 우주가 생성되었다는 설), 정상우주론(steady-state theory, 우주에서는 팽창과 더불어 물질을 형성하여 밀도 등은 변함이 없다고 하는 설), 그리고 진자모델이 그것이다. 헨리는 이 중 어떤 이론도 지지하지 않는다. "간략하게 말하자면 빅뱅은 빅뱅을 일으킨 존재(Big Banger)를 요구하며, 빅뱅을 일으킨 존재는 우리로 하여금 점점 더 「창세기」 기사에 묘사되어 있는 전능하고 지적이며 목적을 가진 창조주를 연상케 한다."[162]

그러나 헨리가 빅뱅이론에 대해 반대하는 주된 이유는, 비록 빅뱅이론이 「창세기」 1장의 기사와 양립할 수 있는 측면이 있긴 하지만 빅뱅 이론에 의하면 지금도 계속해서 창조가 이루어지고 있기 때문이다. 성경은 하나님께서 시간적으로 명확한 시점에 우주를 창조하셨다고 가르친다.

헨리는 끊임없이 「창세기」의 어떻게(how)와 함께 「창세기」의 기사가 현대 과학과 교차하는 방식(way)에 대하여 씨름하고 있다. 헨리는 「창세기」와 현대 과학이 상호교차하며, 「창세기」 기사는 전설이나 무용담이 아니라 과학적 방법이나 그 결론과 관련이 있는 역사라고 생각한다. 헨리는 확고하게 과학적인 자연주의가 「창세기」 1장을 이해하는 잣대가 되도록 해

162) GRA, VI, 130쪽.

서는 안 된다는 입장이다. 또한 그는 무신론적인 진화론이 유신론을 대치하는 방식에 대해 매우 적대적이다.

신학은 진화와 유신론을 다음 네 가지 방식으로 관련지으려 했다. ① 진화의 과정은 하나님으로부터 시작되었으나 그 이후에는 하나님이 그 과정에 관여하지 않으신다는 이신론적인 진화. ② 자연과 인간이 신적인 생명의 한 부분이라는 범신론적인 진화. ③ 하나님께서 진화의 과정을 창조하셨지만 연속성과 과정을 존중하여 기적은 최소화했다는 유신론적인 진화. ④ 유신론적인 진화가 과학적으로 정당하지 못하다고 주장하며 지구는 1만 년에서 1만 5천 년보다 더 오래되지 않았다고 주장하는 '과학적 창조론'.

헨리는 이 네 가지 주장 중 어떠한 이론에도 만족하지 않는다. 헨리는 하나님이 아담을 전적으로 새로운 것으로부터 (de novo) 창조하셨으며, 아담은 그 이전에 존재하는 어떤 생명에도 의존하지 않는 것이었다고 주장하는 대부분의 복음주의 학자들의 입장에 동의한다.[163)]

창조와 진화에 대한 토론에서 보다 주요한 주제는 인간의 기원 문제가 아니라 인간의 본성에 관한 것이다. 복음주의자들에게 있어 인간에 대한 중심적인 요소는 인간이 창조자이

---

163) GRA, VI, 138쪽.

신 하나님에 의해 하나님의 형상으로 창조되었다는 것이다. 인간의 기원과 본성에 대해서는 네 가지 견해가 있다. ① 인간은 아무런 생각도 없는 무목적적인 힘의 산물이라는 자연주의적 진화. ② 하나님께서 인간을 형성하기까지의 자연적인 과정을 지도하신다는 유신론적인 진화. ③ 특별한 단계에서 모든 종을 창조하시고 마침내 자신의 형상으로 인간을 창조하시기 위해 행동하신다는 점진적 창조. ④ 하나님께서 그리 오래되지 않은 과거의 어느 시점에 모든 생명 형태를 새로이 창조하셨다는 하나님의 말씀을 통한 명령 창조(fiat creation).

헨리는 점진적 창조가 지구와 인간의 연대에 관한 과학적인 주장과 조화를 이룬다는 점에서 공감을 표하고 있다. 또한 명령 창조가 「창세기」 기사를 읽을 때 즉각적으로 받게 되는 인상을 반영하고 있으므로 이 주장에 부분적으로 공감을 표하고 있다.

헨리의 결론은 첫째는, 어떤 동물종이 인간의 조상으로 간주되지 않는 한 수정된 진화론을 수용하고 인정할 수 있다는 것이다. 둘째, 헨리는 「창세기」 기사가 지구나 인간의 정확한 연대를 확정해 주지 않으므로 오래된 지구라는 개념을 받아들일 수 있다고 생각한다. "성경은 「창세기」 1~2장에 근거하여 창조의 날이 6일 동안의 문자적인 24시간이라는 믿음을 요구하지 않으며, 현대 과학에서 주장하는 지질학적인 시대에 상응하는 일정한 시대에 대한 믿음도 요구하지 않는다."[164] 셋째, 헨리는 현대의 인본주의와 자연주의에 정면으로 반대한다. 넷째, 복음주의자들은 아담 또는 인간은 "초자연적으로 하나님의 형상으로 만들어진 피조물이며, 땅의 먼지로부터 신적으로 만들어진 역사적 존재이며, 이성적으로, 도덕적으로, 영적으로, 유전학적으로 그리고 문화적으로 그 이전에 존재했던 그 어떤 종의 생명체와도 구별되는 존재"[165]임을 재확인할 필요가 있다.

버스웰은 그의 조직신학에서, 인간의 연대에 대하여 구약의 족보에 대한 상세한 연구 결과에 기초해, 인류의 연대가 우리가 이전에 생각하던 것보다 더 오래된 것일 수 있음을 인정하고 있다. 물론 버스웰은 이것이 신학적으로 큰 비중을 차지한다고 생각지는 않는다. "하나님께서 지구에 인간을 창조하신 것이 얼마나 오래되었든지, 인간이 스스로 부패하여 하나님 보시기에 죄인이 된 것이 얼마나 오래되었든지, 시간의 문제와는 전적으로 무관하게 하나님께서는 계속적으로 인류에 관여하시기 때문이다. 우리의 개인적인 구주와 오실 왕이신 베들레헴의 그리스도는 영원한 모든 시대를 통치하시는 우주적 존재이시다. "그의 근본은 상고에, 영원에 있느니라"

164) GRA, VI, 226쪽.
165) GRA, VI, 227쪽.

(미 5:2).[166]

하나님의 선하심

선하심(Goodness)은 성경의 하나님이 지니신 본래적인 속성이다. 하나님께서 창조하신 모든 것은 선하며 하나님의 뜻에 상응하는 모든 것은 선하다. 하나님의 선한 의지가 무시될 때 선은 그 의미를 상실하게 될 것이고, 진리는 그 선함을 상실하며, 미는 그 온전함을 상실하게 될 것이다. 헨리에게 선하신 하나님의 계시된 명령은 성경적인 윤리학의 핵심적인 구조가 된다. 신적인 명령의 윤리학에 맞서는 것은, 율법은 하나님의 선하심의 규정 조건이 되므로 하나님의 선하심을 무시하는 것이다. 사람이 자신의 용어로 선하심을 정의하려고 할 때에 불가피하게 악에 대한 완화된 견해에 타협하게 될 것이다.

그렇다면 하나님이 전능하신 동시에 선하시다면 어떻게 악이 생겨나게 되었는가? 헨리는 악이 매우 실재적이라고 주장하면서도, 우주에 악이 현존하는 것을 하나님의 전능하신 은혜와 상충하는 것으로 생각하지는 않는다. 하나님은 오로지

166) 올리버 버스웰, 『조직신학』, 1권, 511쪽.

선하신 것만을 명령하시기 때문에 악은 이러한 하나님의 명령에 불순종할 때 발생하는 것이다. 선과 악은 창조주 하나님의 의지와 목적에 의해 정의되어야 한다. 즉 하나님의 의지와 목적에 합하는 것이 선이며, 그것에 반하는 것이 악이다.

헨리는 사탄이라 불리는, 천사들의 세계로부터 타락한 사악한 영의 존재를 믿는다. 어떤 불가시적인 영적 세계에 대한 믿음은 점차 서구 사상에 의해 잠식되고 있지만, 헨리는 사탄이 「창세기」 3장에 소개되어 있는 배반한 천사라는 것을 확고하게 주장하고 있다. 악은 사탄이 하나님의 완전한 창조에서 자의적으로 반항함으로써 생겨났다. 그런 다음 인간이 타락했고, 그로 인해 우주적인 무질서와 고통이 우주의 운명이 되었다.

하나님의 선하심은 죄에 대해 회개하는 이들을 위한 그리스도의 대리적인 구속에서 가장 완벽하게 표현된다. 하나님은 그 정점에서 불의를 경험하시고, 그 심연에서 죽음을 경험하신 그리스도를 통해 악과 고통의 문제를 포용하신다. 부활을 통하여 그리스도는 사탄을 이기셨으며 하나님은 선의 최종적인 승리와 악의 정복을 예견하신다. 선하신 하나님에 대한 교리에 있어 '목의 가시'와 같은 악의 문제를 헨리는 인격적인 사탄의 존재로 답하고 있으며, 사탄에 대한 대답은 신인(神人)으로서의 그리스도의 고난이 사탄에 대한 결정적인 대답이라고 주장하고 있다.

하나님의 섭리

헨리는 서 계시며(stands, 영원히 존재하시며) 구부리시는(stoops, 창조하셨고, 타락한 창조세계를 구속하신다) 하나님을 말하였다. 그 다음 헨리는 머무시는(stays, 자신의 창조세계를 보존하시고 새롭게 하시며 완성하시는) 하나님을 말한다. 우주는 그 창조주에 대해 의존적이며, 형이상학적으로 궁극적이지 않다. 무로부터의 창조가 독특한 행동이었던 것과 마찬가지로 보존은 계속적인(개념적인) 창조와 지속적인 진화론적인 창조를 배제하는 일련의 행동이다. 보존은 하나님께서 세상에 대해 적대적이라기보다는 오히려 위하신다는 것을 의미하며, 하나님은 세상을 구속하기를 원하시지 파괴하기를 원하시시 않았다는 것을 의미한다.

하나님은 하나의 목표를 향해 우주를 통치하시므로 우주는 혼돈이나 우연, 또는 막연한 자비보다는 질서에 의해 움직인다. 섭리에 관한 성경의 견해는 하나님은 자신의 목적을 인간의 삶에서 세밀한 부분까지 관여하시며 성취하신다는 것이다. 섭리는 세속적인 문화에서 가장 논란이 되고 있는 성경 교리 중 하나이다. 하나님께서 우리의 목적을 성취해 나가신다는 것을 의심하게 되는 것은 오로지 우리의 죄 때문이다.

성경은 재난을 축소하지 않으며 악의 존재를 사소한 것으로 취급하지도 않는다. 인간 사회의 무질서와 타락의 현상들은 직접적으로 선을 이루는 것으로 우리에게 일어나지 않는다. 어떤 면에서 하나님께서 역사 가운데 하나의 목적을 가지고 계시다고 말하는 것은 단지 악의 문제를 복잡하게 할 뿐이다. "어린아이가 백혈병으로 죽고, 결혼을 앞둔 신부가 강간을 당하고, 타고난 재능을 지닌 대학생이 교통사고로 죽고, 회사의 간부 직원이 화려한 은퇴식을 앞두고 당일 아침에 심장마비로 쓰러지며, 경건한 여인이 치명적인 암으로 고통을 받는다는 사실은 신자와 불신자 모두를 '궁지에 몰아넣을' 수 있는 섭리를 대표한다."[167)]

악과 불의는 이 세상에서 우리가 항상 대면하게 되는 것들이지만 하나님의 특별한 섭리는 하나님을 신뢰하는 모든 사람들의 선을 위하여 선별적으로 작용한다. 불신자는 "어떤 사건들이 우연이나 역학적인 필연, 맹목적인 운명이나 사탄이 아닌, 만물의 주권적인 창조주이시요 보존자이신 분에 의해 일어난다는 것을 아는 데서 생겨나는"[168)] 평화와 확신을 빼

167) GRA, VI, 460-61쪽.

168) GRA, VI, 482쪽. 칼뱅은 섭리 교리에 대한 올바른 적용이 우리에게 큰 유익을 주며, 하나님의 섭리는 우리의 책임을 약화시키지 않는다고 설명하고 있다. 또한 하나님의 섭리에 대한 바른 지

앗기게 된다.

그러나 현대의 세속적인 문화는 역사 가운데 섭리의 일관성을 부정하려 한다. 그리고 때로는 신자들조차도 이를 의심하곤 한다. 예컨대 헨리는 아우슈비츠(히틀러에 의한 6백만 명의 유대인들이 학살되었던 대표적인 곳)가 그리스도인들에 대한 가혹한 판결이요 많은 사람들에게는 섭리의 중단이라고 표현하고 있다. "성경 시대 이후의 어떤 사건도 아우슈비츠의 대학살(holocaust)처럼 하나님의 섭리에 대한 유대인들의 신앙을 뒤흔들어 놓은 것은 없다."[169)]

많은 세속주의자들과 유대인들, 그리고 기독교인들은 하나님께서 자신의 목적을 성취하기 위해 아우슈비츠를 사용하셨다고 생각하기보다는 하나님을 믿는 신앙을 포기하고 만다. 헨리는 예외적인 경우(헨리는 칼 라너[Karl Rahner]와 볼프하르트 판넨베르그[Wolfhart Pannenberg]를 거명하고 있다)를 제외한 거의 대부분의 기독교 신학자들은 섭리론과 관련해, 홀로코스트가 가지는 중요성에 관해 토론하지 않는다고 말한다.

역사의 모든 가능성과 악에 대한 최종적인 대답은 미래가 하나님께 속하였다는 것이다. 종말(마지막)의 중앙에 그리스

식을 가지게 될 때에 필연적으로 "번영할 때에는 감사한 마음을, 역경 속에서는 인내를, 미래에 대한 염려에서는 놀라운 자유를 얻게 된다"고 주장한다(칼뱅, 『기독교 강요』, I. 17.7).

169) GRA, VI, 485쪽.

도께서 큰 능력과 영광 가운데 인류를 심판하시고 하나님의 최종적인 왕국을 도래시키기 위해 재림하실 것이다. 지금의 죄악 된 세계는 하나님이 그 창조 목적에 맞게 회복하신 미래적인 세계로 대치될 것이다. 하나님께서 머무르신다(stays)라고 말하는 것은 하나님께서 우리를 철두철미하게 아신다는 궁극적인 증거가 된다. 영원 안에서 사악한 자들은 하나님과 말도 건네지 못할 사이가 되는 반면, 구속받은 성도들은 의가 자의적으로 다스리며, 악은 발을 디딜 자리조차 없는 공동체에서 거룩한 웃음과 즐거움의 합창 가운데 하늘의 하나님을 만날 것이다.

12. 비판적 평가

칼 헨리는 기독교 신학을 "하나님에 대한 학문(science of God)" 또는 "학문 가운데 가장 아름다운 학문"으로 규정하고 있다. 신학은 계시, 하나님, 창조, 인간, 그리스도, 구원, 교회 그리고 마지막 일들이라고 하는 여덟 가지 근본적인 교리들을 다루며 각각의 교리들은 서로 긴밀한 관계를 맺고 있다.

조직신학 분야에서 체계 잡힌 교과서를 저술하려는 의도가 없었던 헨리는 각각의 교리에 균등한 시간을 배분하지는 않았다. 그보다는 주로 계시와 하나님에 초점을 맞춰 다른 여섯 가지 교리들은 이 두 교리를 다루는 가운데 자연스럽게 녹아들어 있다. 헨리는 계시론과 하나님에 대한 토론이 자신이 활동하던 20세기의 정황에서 매우 중요한 교리라고 생각했다. 또한 이러한 계시관과 신론이라는 두 가지 초점을 가진 토론의 형식이 자신의 변증적인 논조와 잘 어울린다고 생각하고,

이러한 형태의 토론 방식을 택하였다.[170)]

에밀 브룬너는 한때 신학자의 과제를 교회 공동체가 독성 있는 음식을 먹지 못하도록 교회 주방을 지키고 서 있는 것이라고 말했다. 헨리는 이에 동의하며 "그 어떤 다른 것이 아닌 바로 이것이 교회가 먹어야 하는 교리적인 음식이다"라고 주장한다. 패터슨에 의하면 이러한 확신은 몇 가지를 함축한다.[171)]

첫째, 신학은 믿음의 대상이지 연구의 대상이 되어서는 안 된다. 게다가 신학자의 과제는 그가 하나님을 알고, 이해하고 그분을 말하는 것 자체로 행복을 느끼는 것이다. 헨리는 "그리스도에 흠뻑 취한 자"이며, 이로 인해 행복을 느꼈다.

둘째, 신앙에는 하나의 규범이 있는데 헨리에게 있어 그것은 복음주의적인 것이다. 그러나 어떤 신학자에게 규범적인 것이 다른 신학자에게도 동일하게 규범적일 수는 없다. 그러므로 수많은 신학적인 체계와 전통, 신조, 고백, 단체들이 있을 수 있다. 신학자는 끊임없이 하나님과 동료들의 심판대 앞에 서야 하므로, 헨리와 같이 자신의 노력에 대해 겸손한 자세를 취해야 한다.

셋째, 신학자들은 여덟 가지 주요 기본적인 교리에 동의하지만 세부적인 부분에서는 여전히 의견 차이가 존재한다. 도

170) Patterson, 160쪽.
171) Patterson, 161쪽 이하.

널드 블로쉬(Donald G. Bloesch)나 헬무트 틸리케(Helmut Thielicke), 그리고 벌카우어(G. C. Berkouwer)와 같은 동료 복음주의 신학자들은 헨리와는 매우 다른 조직신학의 체계를 담은 저서를 출간하였다.

넷째, 무엇이든 이 여덟 가지 교리적인 확신 중 하나와 관련이 있는 것이라면 신학적인 의미가 있는 것이므로, 신학의 범위는 무한하다. 결과적으로 헨리는 시간과 에너지가 허락하는 한 지식의 많은 측면들(그것이 과거적인 것이든 현재적인 것이든)을 끊임없이 탐구하고 공부하는 학습자였다.

다섯째, 과거의 사상은 현재에서 진정한 빛을 발하기 위해 반드시 연구되어야 한다.

여섯째, 신학은 어떤 것을 창조하지 않는다. 단지 이어받을 뿐이다. 신학자는 이전 교회의 경험과 그들의 확신에 의존한다. 신학은 항상 그 토대가 되는 영원한 진리와 이 진리가 해석될 당시의 시대적 배경 사이에서 형성된다.

일곱째, 신학은 신앙을 요약하고 설명함으로써, 이전과 현재의 그리스도인들을 지도함으로써 그리고 잘못된 교리와 싸움으로써 그 존재의 정당성을 부여받는다. 패터슨에 의하면 이러한 일곱 가지 기준들로 평가했을 때 헨리는 "진정한 신학자"이다.

신학은 여덟 가지 기본 교리들에, 성경적인 가르침과 어제와 오늘의 기독교 사상 그리고 현대적인 이해를 접목하고자 한다. 신학은 과거의 성경적인 가르침을 해석해 전통적인 조명 안에서 현재에 적용하려는 시도이다. 성경적이고 전통적이며 현대적인 것들이 반드시 과학적인 지식은 아닐지라도 일종의 지혜를 산출하는 역동적인 방식으로 혼합되게 된다. 패터슨은 이러한 점에서 헨리의 신학적인 작업에 대한 비판적인 입장을 소개하고 있는 것이다.172)

헨리의 비판자들은 헨리가 성경 본문과 관련하여 역사적이고 비평적인 주제들을 다루는 것과 성경 주해의 영역에서 일관성이 없음을 지적하고 있다. 버나드 램은 "헨리가 모든 대안들에 대항하여 자신의 계시와 영감과 권위에 대한 견해를 개진하고 있다"는 것은 인정하면서도 그의 기념비적인 노력은 성경 비평을 부정적인 시각으로 보고 있기 때문에 실망스러운 결과를 야기하게 되었다고 비판한다.173) 즉, 헨리는 아직도 계몽주의와 화해하지 못하였다는 것이다. 그러나 이러한 "학문적인 질에 있어서의 한결같지 못함"이라는 표현은 통상적으로 성경학에 전문가가 아닌 신학자들에 대한 전통적인 비판이다. 헨리는 현대 사상에 있어서는 전문가이며, 본성적인 성향에 있어 변증학자이다. 그러나 전문적인 성경학자는

---

172) Patterson, 162쪽 이하.

173) Ramm, *After Fundamentalism*, 26f. Patterson, 162쪽에서 재인용.

아니다.

헨리는 전통적인 복음주의 신학을 재확립하고 전통적인 신앙을 적대시하는 현대성(modernity)에 변증적으로 반박하는 데 혼신의 노력을 기울였다. 헨리의 하나님은 합리성과 질서와 균형의 하나님이시며, 무시간적이고 절대적이며 불변하시며 초자연적인 존재이시다. 헨리의 비판자들은 헨리가 지나치게 이성에 초점을 맞추고, 명제적인 계시에 사로잡혀 있으며, 하나님을 유클리드(Euclid)의 용어로만 자신을 계시하시는 분으로 생각한다고 비판한다. 이에 대해 헨리는 여러 번에 걸쳐, "나는 신적인 계시가 합리적이라는 것, 영감 된 성경의 정경이 일관성 있고 정합성 있는 전체라는 것, 진정한 신앙이란 이해를 추구하는 것이며, 성령께서 설득의 도구로 진리를 사용하신다는 것, 논리적인 일관성이 진리의 시금석이라는 것 그리고 구원을 가져다 주는 그리스도에 대한 신뢰란 필연적으로 그분에 대한 계시된 명제를 포함한다는 것을 믿는다"[174] 라고 말하였다.

헨리의 비판자들은, 헨리가 다시금 하나님을 열국과 백성들을 심판하시는 하나님으로 주장하면서, 50여 년 전 신정통주의 신학자들이 그러했던 것과 같이 결함을 드러내 보이고

174) "The Concerns and Considerations of Carl F. H. Henry," *Christianity Today*(March 13, 1981), 21쪽.

있다고 주장한다. 헨리가 다양한 전통 가운데 자신의 약점을 보완할 장점들을 보지 못하였다는 것이다. 예컨대 그들은 왜 헨리가 과정 신학자들을 인정할 수 없는지 의문을 제기한다. 비록 과정 신학이 완벽한 기독교적인 사상 체계를 수립하지는 못했지만, 여러 가지 바람직하고 의미 있는 것들을 기독교 신학에 제공해 줄 수 있다고 보았기 때문이다. 그들은 헨리가 진리를 잃는 것보다는 오류를 포용하는 것을 더 두려워한다고 비판한다.[175)]

모든 복음주의자들이 합리주의에 기우는 헨리의 경향에 동의하는 것은 아니다. 헨리는 계시의 진리가 그리스도인이 되기 이전에 알려질 수 있다고 주장한다. 그렇지 않으면 사람들이 복음을 거부하더라도 그들에게는 아무런 잘못이 없게 되기 때문이다. 예컨대 도널드 블로쉬는 신앙 이전에 이성에 창조적인 역할을 부여하는 헨리의 입장에 반대한다. 블로쉬는 헨리와 몇몇 복음주의자들이 계시가 이성으로만 파악될 수 있다는 주장에 비판한다. "존 워윅 몽고메리(John Warwick Montgomery)의 체계에 의하면, 기독교는 역사적 방법만으로도 객관적으로 정당화될 수 있다. 노먼 가이슬러(Norman

175) Patterson, 165쪽. 실명을 거론하며 비판의 내용을 열거하고 있는 것이 아니라 비판자들이 이러이러하게 말할 것이라며 미래형으로 말하고 있다.

Geisler)는 그의 『종교철학』에서 신적 계시에 의존하지 않고서도 신에 대한 신앙을 가질 수 있는 경우를 진술해 보고자 했다. 그에게는 합리적인 검증이 필수적인 준비일 뿐 아니라 신앙의 전제인 것처럼 보인다. 프랜시스 쉐퍼는 먼저 증거를 검토하고, 신앙의 주장이 진리라는 것을 지적으로 만족하고 나서야 믿는다고 주장한다."[176]

흔히 블로쉬를 비롯한 많은 복음주의자들은 오직 하나님만이 불신자가 계시를 인식하고 이해할 수 있도록 그들의 지성을 조명하실 수 있으며, 계시는 이성으로 어떻게 할 수 있는 것이 아니라고들 말한다. 오직 하나님께서 주신 신앙을 통해서만 성경의 역사와 명제 가운데 있는 신적인 의미를 볼 수 있다는 것이다. 블로쉬는 "고든 클락과 칼 헨리의 방법은 연역적으로 주어진 합리적 원리로부터 결론을 도출해낸다"[177] 라고 말한다. 블로쉬는 심지어 신자들 사이에서조차도 계시는 신비적인 주제이며, 예수 그리스도는 합리적인 방법 이상으로 사고하시는 분으로 보기 때문에 이러한 헨리의 입장에 반대한다.

신학의 목표는 바른 사상을 생각하는 것이 아니라 우리의

176) Donald G. Bloesch, *Essentials of Evangelical Theology*, II(San Francisco: Harper & Row, 1979), 267쪽.

177) 같은 책, 268쪽.

사고를 통해 초월적인 진리에 다가가는 것이다. 우리의 신학은 영원히 하나님의 마음에 도달할 수 없다. 그래서 블로쉬는 "우리는 우리의 신학 체계 가운데서 진리를 의도(intend)할 수는 있지만, 그 진리를 소유하지는(possess) 못한다. 왜냐하면 이성은 항상 계시의 종에 불과하며, 결코 계시의 주인이나 결정권자가 될 수 없기 때문이다"[178]라고 말하고 있다.

헨리의 비판자들은 헨리가, 불신자의 마음은 부패하였으며 신자의 마음도 은혜의 빛을 조명받아야 한다는 사실을 강조하지 않았다고 말한다. 하나님에 대한 우리의 지식은 순전히 하나님의 선물이며, 합리적이거나 철학적인 성취를 통한 것이 아니다. 은혜는 변증학이 할 수 없는 것을 성취한다. 그러나 지성이 일단 구원을 받으면, 그것은 생명력을 얻어 올바로 사고할 수 있는 영역을 얻게 된다. 이성이 아니라 계시가 최종적인 권위가 되어야 한다. 만일 계시가 진리로 검증되어야 한다면 진리가 계시보다 더 우위를 차지할 것이다. 헨리는 이러한 비판에 대해, 계시가 합리적인 진리와 연계를 가질 때 보다 고차원적인 진리를 드러낼 수 있다는 말로 대응하고 있다.

---

178) 같은 책, 268쪽

13. 후기의 활동

1959년 2월 7일, 헨리는 아버지가 72세의 나이에 암으로 사망했다는 갑작스러운 기별을 받고, 롱아일랜드에서 거행된 장례식에 참석한다. 일전에 헨리는 아버지를 방문하여 집안 일과 영적인 문제들에 대해 대화를 나누는 시간을 가졌었다. 헨리는 이때, 아버지가 루터파 교회의 교인으로 유아세례를 받았으므로 죄 용서함을 받았으며, 하늘에 대한 소망을 가지고 있다는 차원을 넘어서는 개인적인 신앙에 대한 보다 긴밀한 대화를 시도하려 하였으나 실패하였다. 헨리 아버지의 두 번째 부인이었던 매이(Mae)는 한 가톨릭 교회에 장례 미사를 부탁했다. 그러나 미사를 집례하기로 되어 있던 신부는 헨리의 아버지가 자신의 교구민도 아닌데다 가톨릭 신자도 아니었기 때문에 가톨릭교회 묘지에서의 매장 미사를 고의로 45분이나 지연시켰다. 그날은 헨리에게는 매우 슬픈 날이었다.

1959년 말에 풀러 신학교는 정식 인가를 받게 된다. 풀러의 교수들과 학생들은 헨리가 교수로 복귀하기를 원했다. 헨리는 여전히 심정적으로는 가르치고 연구하며 석 달 가까운 여름 방학과 안식년이 있는 신학교 생활에 끌리고 있었다. 1958년 8월 31일, 『크리스채니티 투데이』와 풀러 신학교 중에서 최종적인 선택을 해야 하는 시간이 다가왔다. 헨리는 해마다 석 달간의 기간을 제외하고는 3년간 워싱턴 지역에 머물면서 편집장 일을 계속 하기로 결정했다. 결코 쉽게 내린 결정은 아니었다.

급여 조건은 풀러와 『크리스채니티 투데이』가 별반 차이가 없었지만, 『크리스채니티 투데이』는 어떠한 공식적인 계약이나 보장, 고용자 은퇴 혜택도 제공하지 않은 상태였다. 게다가 편집장의 일을 계속하게 되면 기독교 사회 윤리와 신론에 관한 책을 저술하는 일은, 희생까지는 아니더라도 상당 기간 지연될 것이 분명했다.

1961년 6월에 헨리는 48세의 나이에 휘튼 대학으로부터 사회 각 방면에 탁월한 공헌을 한 졸업생들에게 수여되는 공로상을 받았다. 7월과 8월에 헨리는 헤롤드 린드셀에게 그 해 여름 동안 편집 보조 일을 부탁하였다.

칼 바르트가 시카고 신학교와 프린스턴 신학교에서 일련의 강연을 하기 위해 미국에 왔을 때, 조지 워싱턴 대학은 바르트가 미국의 수도를 방문할 수 있도록 일정을 조정하기 위해 많은 노력을 하였다. 바르트는 육체적으로 피곤했지만 자발적으로 한 시간 동안의 질의응답 시간을 갖자고 제안했다. 헨리는 자신을 "『크리스채니티 투데이』의 편집장 칼 헨리"라고 소개한 후 예수 그리스도의 부활의 역사적 사실성에 대해 질문했다. 그는 과연 예수 그리스도의 부활이 거리를 오고가는 사람들이 이해할 만한 뉴스거리인지를 물었다. 그러자 바르트는 화를 내며 "그러면 동정녀 탄생은 어떠한가? 사진 기자들이 와서 사진을 찍을 수 있었는가?"라고 물었다. 바르트는 계속해서, 예수는 세상이 아니라 신자들에게만 나타나셨다고 말했다. 바르트는 부활의 실체를 단지 인격적인 신앙과만 관련지었다. 바르트에게 예수의 부활은 역사가들이 접근 가능한 역사 가운데 일어나지 않았다고 본 것이다.[179]

바르트가 미국을 방문했을 때 헨리와 나누었던 질의응답에 대하여 버스웰(Oliver Buswell, Jr.)은 자신의 『조직신학』에서 다음과 같이 말하고 있다.

> 내가 보기에 바르트는 그 자신이 실제적인 예로 들고 있는 일의 중요성에 대해 잘 모르고 있었던 것 같다. 무덤에 있던 군사들은 무덤이 비어 있음을 알렸다. "경비병

179) *Confessions*, 211쪽.

> 중 몇이 성에 들어가 모든 된 일을 대제사장들에게 알리니"(마 28:11). 탁월한 저널리스트인 편집자 칼 헨리가 물었던 것은 '신문 기자들이 설득당했을까?'가 아니라 '그들은 뉴스를 통해 ……을 보도할 책임이 있었는가'였다. 무덤에 있었던 군사들이 했던 일은 정확히 뉴스로서 보도한 것이었다. 즉, 이에 대한 매우 중요한 뉴스로서 말이다.
>
> '구원의 사건들의 사실성'을 강조할 때 우리는 성령의 중생케 하시는 능력과는 상관없이 사실이나 증거만으로도 구원하는 믿음을 산출하기에 충분하다고 주장하는 것은 아니다.[180]

『크리스채니티 투데이』는 1962년 10월 12일에 제2차 바티칸 공의회의 시작과 함께 일곱 번째 해를 맞이하였으며, 「로마와 개신교도」라는 제하에 전체 내용을 할애하였다. 이 무렵 헨리는 1년 동안의 안식년의 필요를 느끼게 되었다.

린드셀은 1962년 12월 3일의 이사회 모임 이후 풀러 신학교의 상황이 점점 악화되고 있다고 느껴 "이제는 떠나야 할 시점인 것 같다"라는 내용의 편지를 헨리에게 보냈다. 교수 퇴수회에서 성경에 관한 댄 풀러(Dan Fuller)의 발제가, 초대 교수 요원이요 댄의 아버지의 개인적인 친구였으며 풀러에서 가장

---

180) 올리버 버스웰, 『조직신학』 1권, 342쪽.

영향력 있는 사람이었던 윌버 스미스를 화나게 만들었다.

1963년 1월 초에 풀러 이사회는 성경의 무오성에 대한 풀러 신학교의 입장을 재확인하였으며, 교수들도 이에 동의할 것을 요구하였다. 댄 풀러는 이사회 모임에서 성경에도 오류가 있다고 주장했다. 데이빗 허바드는 논란이 되고 있는 분야를 최소화할 것을 강력하게 주장하였다. 찰스 풀러는 자신의 아들과 허바드를 지지하였다. 이사회의 일원이었던 찰스 피츠는 끝내 사임하였다. 1963년 2월 초에 댄 풀러는 교수회에, 자신이 종신교수직을 받는다는 조건으로, 9월부터 허바드가 학장직을 이어받을 것이라고 발표했다. 한편 윌버 스미스는 자신의 방대한 도서관을 풀러에 기증하는 것을 취소하고, 자신이 잠시 방문 교수로 가르쳤던 트리니티 신학교에 이를 기증해버렸다.

1963년 5월에 헨리는 풀러 신학교에서 기독교 사회 윤리를 주제로 페이튼 강좌(Payton Lecture)[181]의 연사로 강의하였으며, 그 달 말에는 에즈베리 신학교의 졸업식에서 설교를 하였다.

1963년 10월 13일, 헨리와 그의 아내 헬가는 안식년을 맞

---

181) 서양에는 강연 문화가 정착되어 있어 학교마다 사람들의 이름을 붙인 강연이 하나둘 씩은 있다. 풀러 신학교의 페이튼 강좌는 지금도 그 이름으로 계속되고 있다.

아 뉴욕을 출발해 포르투갈, 리베리아, 나이지리아, 카메룬, 브라자빌, 콩고, 남아프리카, 로디지아, 케냐, 이집트, 레바논, 시리아, 요르단, 이스라엘, 그리스, 이탈리아, 프랑스, 스페인, 스위스, 오스트리아, 독일, 덴마크, 스웨덴, 노르웨이, 네덜란드, 잉글랜드, 스코틀랜드를 경유하여, 1964년 7월 4일에 워싱턴으로 돌아오는 기나긴 대장정을 감행하였다. 어떤 곳에서는 며칠만 머물렀고, 또 어떤 곳에서는 1~2주간을 머물렀다. 이 중 특이할 만한 일은 독일을 방문했을 때 헨리가 볼프하르트 판넨베르그를 만난 것이다. 당시 판넨베르그와 헨리는 미국의 복음주의자들이 주장하는 계시된 진리와 계시의 관련성에 관한 대화를 나누었다. 판넨베르그는 헨리가 추천한 『성경의 영감과 권위』에 대한 B. B. 워필드의 고전을 몰랐다고 한다.[182)]

전례가 없는 세계전도회의(World Congress on Evangelism)가 1966년 10월 25일부터 1966년 11월 4일까지 서베를린에서 개최되었다. 1천 2백여 명의 복음주의자들과 복음 전도 지도자들이 "하나의 인종, 하나의 복음, 하나의 과제"라는 기치 아래 1백여 개국 이상의 나라에서 서베를린으로 모여들었다. 브란덴부르크 문에서 약 240㎝ 두께의 베를린 장벽 근처에서

182) *Confessions*, 242쪽.

세계 전도 회의(1966년, 베를린)의 의장 칼 헨리와 명예 의장 빌리 그레이엄.

열린 이 회의는 1964년 초에 수도 워싱턴의 어느 택시 뒷자리에서 빌리 그레이엄과 헨리가 나눈 대화를 계기로 시작되었다. 그레이엄은 전도에 관한 전 세계적인 회의에 대한 자신의 오래된 열망을 피력하였다. 그러나 그레이엄은 그러한 일을 빌리 그레이엄 전도단이 후원할 경우 빚어질 부작용을 우려하였다. 헨리는 『크리스채니티 투데이』 창간 10주년을 기념하여 그 회의를 후원할 수 있을 것이라고 제안하였다. 그레이엄은 그 행사에서 헨리가 의장이 되어 줄 것을 제안하였고, 그레이엄이 명예 의장이 되어 준다는 조건하에 헨리는 그 제안을 승낙하였다.

1964년 9월 14, 15일에 베를린 세계 전도 회의를 위한 기획위원회가 뉴욕에서 모임을 가졌다. 이 위원회는 정기적으로 워싱턴과 뉴욕, 시카고 그리고 베를린에서 회집되었다. 당시 상황은 전도에 대해 사회적인 참여를 우위에 두던 에큐메니컬 진영의 입장으로 한창 논란이 일고 있던 때였다. 1966년 1월에 세계교회협의회(WCC) 계통의 한 지도자는 그레이엄의 전통적인 전도가 회심에 대한 편협한 견해로 하나님 나라를 위협하고 있다고 경고했다. 에큐메니컬 진영은 이를 교회가 '복음 전도의 형태'를 '전통적인' 관심에만 집중, 정의에 대한 요구를 무시했던 나치 그리스도인들과 동일시하였다.

헨리는 이러한 논란을 염두에 두고, 20분에 걸친 짤막한 개회 논평에서 성경의 하나님은 "정의(justice)와 칭의(justification)"의 하나님임을 강조하였다. 헨리는 복음 전도자와 신학자만이 아니라 신학자이면서 동시에 복음 전도자인 사람과, 복음 전도자이면서 신학자인 사람이 필요하다고 주장하였다. 기독교 복음 전도자는 이중으로 적절한 메시지를 가지고 있어야 한다는 것이다. 즉, "의로우신 하나님께서 인간을 자신의 거룩한 형상으로 창조하셨기 때문에 모든 사람에게 정의(justice)가 요청되며, 거룩하신 창조주께서 우리를 반역적인 죄인들로 보시기 때문에 모든 사람은 칭의(justification)가 필요하다."[183] 베를린 세계전도회의는 이런저런 이유로 전도 회의에 대해 비판적이었던 복음주의자들을 설득하려고 노력했다.

---

183) *Confessions*, 257쪽.

한편 웨스트민스터 채플의 캠벨 몰간의 유명한 후계자였던 마틴 로이드 존스는 교회의 부흥이 효과적인 전도의 필수적인 전제 조건이라고 주장하며 런던에서의 빌리 그레이엄 전도 집회에 협력하기를 거부하였다. 이에 그레이엄은 비공개 참관인 자격으로 그를 베를린에 초대하였고, 로이드 존스는 이 초대에 응하였다. 이 자리에서 로이드 존스는 결코 그레이엄의 진지함이나 소명 의식을 문제삼지 않았으며, 자신이 듣고 본 것으로 그를 칭찬하였다. 그럼에도 자신의 견해를 바꾸지는 않았다.

또 다른 비판자는 국제 기독교 교회 협의회(ICC)의 칼 맥킨타이어였다. 에큐메니컬 진영이 베를린 회의를 완화된 히틀러리즘이라고 부른 것과 마찬가지로, 그 또한 이를 완화된 공산주의라고 부름으로써 언론의 관심을 유발하였다. 맥킨타이어는 베를린 장벽에서부터 시작하여 항의 대열을 인도하겠다고 발표하였다. 이에 헨리는 진성으로 맥킨타이어가 공산주의에 항의하려는 의도가 있었다면 베를린 장벽으로 행진하여 동베를린 지역으로 들어갔어야 했다고 말했다.

그레이엄 외에 저녁 집회의 강사진으로는 불교에서 개종한 파키스탄 성공회 주교인 산듀 레이(Chandu Ray) 주교와, 세계 최대의 장로교회인 영락교회 한경직 목사 등이 포함되어 있었다. 한경직 목사는 「스가랴」 4장 6절에 대한 능력 있는 메시지를 통해 큰 도전을 주었으며, 헨리는 많은 사람들이 자신의 숙소로 돌아가기 위해 버스를 기다리는 동안 눈물을 흘렸다고 회고하고 있다.[184)]

1968년 1월 말경에 퓨는 1월 5일자 『크리스채니티 투데이』에 대해 찬사의 편지를 보냈다. 그러나 리처드 마오(Richard J. Mouw)[185)]의 논문의 결론 부분이 그를 곤혹스럽게 하였다. 그 논문에서 마오는 교회가 종종 경제적이고 사회적이며 정치적인 주제들에 대해 일정한 입장을 취해야 한다는 자신의 견해를 피력했기 때문이었다. 이에 대해 퓨는 그 다음 호에 실린 빌리 그레이엄의 설교를 칭찬함으로써 이에 화답하였다. 그레이엄은 설교에서 교회가 경제적이고 사회적이며 정치적인 문제에 관여하는 것은 근원적으로 악이라고 말했다. 이에 대하여 헨리는 다음과 같은 내용의 답장을 보냈다. 마오의 논문은 교회가 법률적이거나 군사적인 사안에 대한 해답을 제시할

---

184) *Confessions*, 260쪽.

185) 당시 칼빈 대학 철학과 교수였으며 현재 풀러 신학교 학장으로 재직 중인 윤리학자이다. 풀러 신학교 홈페이지에 있는 학교의 역사에 대한 설명 중 리처드 마오와 관련된 몇 구절을 인용해 본다. "허바드 박사가 30년간 학장으로 재직한 후 1993년 6월에 은퇴하였을 때 후임 학장을 구하는 국제적인 노력은, 마오 박사를 학장으로 임명하는 것으로 일단락되었다. 마오 박사는 칼빈 대학의 교수로 17년을 재직한 후 1985년에 기독교 철학과 윤리학 교수 직함으로 풀러에 왔으며, 1989년 이후 풀러에서 교무처장과 수석 부학장직을 수행하였다."

수는 없다는 점을 명확하게 천명하였으며, 교회는 현 상황에 대해 부정적인 판단을 내릴 때 보다 안전한 기초 위에 있을 수 있음을 그 본론에서 말하고 있다는 것이었다.

1967년 9월 21일, 『크리스채니티 투데이』의 이사회에 헨리는 다음과 같은 내용의 보고서를 제출하였다. 현재 잡지의 영향력은 최고조에 달해 있으며, 잡지가 성경 신학과 기독교 복음 전도, 하나님의 통치 아래에서의 자유를 지지하는 것과 정치적인 사안들에 대한 교회의 관여를 반대하는 일 등을 통해 '반동적인 이미지'를 벗어나게 되었으며, '전국적인 명성'을 얻게 되었다는 것이다. 또한 헨리는 해롤드 린드셀이 연구와 저술을 위한 시간을 허락받아 강의 부담을 줄여 주는 조건으로 휘튼 대학에 성경 교수로 초빙되었음을 보고하였다.

기성 신문들에서도 헨리가 『크리스채니티 투데이』의 편집장으로 있는 동안 이 잡지가 가장 영향력 있는 복음주의 잡지가 되었다고 보도했다. 또한 그로 인해 유료 구독자가 15만 명에 달하는, 기성 언론에서 가장 흔하게 인용되는 종교 간행물이 되었다고 보도하였다. 1968년 7월 5일자를 마지막으로 헨리는 헤롤드 린드셀에게 『크리스채니티 투데이』의 편집장 자리를 이양하였다. 린드셀의 이름은 1968년 9월 27일자 『크리스채니티 투데이』에 처음으로 편집장으로 올려졌으며, 그는 1978년까지 이 일을 감당하였다. 한편, 린드셀이 편집장으로 일하던 때 『크리스채니티 투데이』의 유료 구독자 수가 한 때 1천 명 이하로 떨어지고, 심각한 재정적인 위기를 경험하기도 했다. 린드셀이 저술 활동과 강연, 설교를 위해 사임하기 전에, 잡지는 전문적인 사상 잡지로서의 본래적인 입장을 버리고, 주로 평신도들을 위한 잡지로 변신을 시도함으로써 유료 구독자 수는 다시 15만 5천 명으로 회복되었다.

휘튼 대학의 역사학 교수인 마크 놀(Mark A. Noll)은 칼 헨리 이후의 『크리스채니티 투데이』의 행보에 대해 다음과 같이 비판하고 있다. "1956년 창간된 이래 약 10년간 지성적인 지도력에 활기를 불어넣었던 『크리스채니티 투데이』는 상업적인 유지를 위해 뉴스와 중간 지식층의 종교 주석서의 저널로 변질되었다. 그 결과 현재 …… 일반 대중을 위해 자연, 사회, 정치, 예술세계를 진지하게 고려할 목적으로 출간되는 복음주의 정기 간행물은 사라지게 되었다."[186]

12년간의 『크리스채니티 투데이』 편집장직을 사임한 헨리는 연구를 위하여 1968년 가을 케임브리지로 건너갔다. 헨리의 두 가지 주된 관심사는 종교적인 지식의 문제와 신론이었다. 인식론과 존재론에 관한 책을 각각 반 년에 걸쳐 저술하는 것이 헨리의 본래 계획이었다. 헨리는 우리 인간이 하나님

---

186) 마크 놀, 『복음주의 지성의 스캔들』, 29쪽.

의 계시를 기초로 할 때만이 하나님에 관한 진리를 말할 수 있으며, 그 외에 하나님에 관한 모든 토론은 억측에 불과하다고 확신했다. 또한 만일 살아계신 전능하신 하나님이 자신을 계시하신다면 하나님은 인간과 세계에 대해 최고의 권위를 지녀야만 한다고 믿었다. 이로써 『신·계시·권위 *God, Revelation and Authority*』라는 책이 세상에 그 모습을 드러냈다. 처음에 헨리는 12개의 논지를 생각했다. 그러나 그 목록은 보다 세분화되어 15개로 확대되었다. 15개의 논지 목록이 발전됨에 따라 마침내 총 6권 중 2, 3, 4권의 윤곽이 확정되었다.

케임브리지에서의 연구 학기를 마친 후 1969년 가을 학기부터 헨리는 필라델피아에 있는 동침례교 신학교(Eastern Baptist Seminary)에서 가르치게 되었다. 이곳에서의 수업을 통해 헨리는, 그 지역 교회에서 기독교 교육과 청소년 사역에 종사하는 수많은 목회자들과 사역자들에게 유용한 실천적인 지식을 제공해 주어야 했다. 실로 그러한 실천적인 요구는 막중했다.

많은 학생들은 주로 자신들의 사역에 즉각적으로 도움이 되는 수업에 흥미가 있었다. 소위 실천적인 과목들, 특히 설교와 기독교 교육과 같은 과목은 보다 이론적이었기 때문에 학생들은 잘 수강하지 않았다. 반면 상담 과목이 인기가 있었다. 그럼에도 일부 관심 있는 학생들은 등록 인원이 제한되어 있는 세미나 과목에 등록하기도 했다. 첫 학기에 헨리는 현대

국제 월드 비전의 강사로 활동하던 시절(1974~86)의 칼 헨리.

의 신학적 경향과 당대의 신학적인 작품들에 관한 것을 가르쳤고, 두 번째 학기에는 사후의 삶에 대한 교리를 세미나식으로 진행하였다. 헨리의 수업에는 많은 학생들이 참여했다.

이스턴에서 6학기를 가르치고 난 헨리는 1974년 3월부터 국제 월드 비전을 위한 강연자(lecturer-at-large)가 되었다. 이때부터는 자신이 원하는 대로 어느 대학에서든지 가르치고 강의하면서 자신의 저술을 완성할 수 있게 되었다. 월드 비전은 밥 피어스(Bob Pierce)가 20세기 중반에 중국과 한국을 방문한 직후에 태동되었다.

헨리의 첫 번째 월드 비전의 강연을 위한 여행은 1974년 4월 중순에서 7월 중순까지 석 달간 아시아 지역에서 시작되었다. 칼 헨리와 그의 아내 헬가는 12개의 항공기를 갈아타며 미국에서 서울, 타이페이, 홍콩, 싱가포르, 스리랑카, 인도, 이란, 터키, 그리고 그리스를 돌다가, 세계 전도에 대한 로잔 회의가 있기 전 취리히와 짤츠부르크에서 잠시 휴식을 취했다. 서울에서 헨리는 아세아연합신학교(ACTS)에서 두 주 반 동안

신대원 학생들을 가르쳤으며, 아시아에서 가장 큰 두 신학교(장로회신학교와 서울신학교)와 엑스폴로 '74를 준비하고 있던 대학생선교회(C.C.C.) 회관에서 강연하였다. 헨리는 또한 영락교회에서 아침 6시 30분 1부 예배를 시작으로 네 번의 주일 설교를 감당하기도 했다.

1976년 초에 헨리의 『신·계시·권위』의 처음 두 권이 동시에 출간되었으며, 뒤이어 1979년에 3권과 4권이 출간되었다. 또 1982년 말에 5권이 출간되었고 1983년 초에 6권이 출간되었다.

1976년에 『신·계시·권위』의 1권이 출간되자 여러 기독교 잡지와 일반 잡지에서 인터뷰 요청이 쇄도했다. 『신·계시·권위』 1권에서 헨리는 모든 측면에서 현대 문화의 위기를 해결하기 위한 기독교 계시의 인지적인 중요성을 강조하였으며, 복음주의적 정체성에 대한 점증적인 관심을 표명하였다. 정체성에 대한 논생은 부분적으로는 가톨릭 신자들과 성공회 신자들, 은사주의자들, 신복음주의자들 그리고 소위 보수적인 복음주의자들에 의해 복음주의자라는 이름이 폭넓게 사용되게 된 것과 관련이 있다. 많은 근본주의자들은 복음주의자들과 자신들을 구분하곤 했었다.

한편 당시 지미 카터 대통령을 "중생한 복음주의자"라고 불렀는데, 일부 현대화된 신학 교단의 대변자들이 카터가 소속되어 있던 남침례교가 복음주의가 아니라고 주장함으로써 혼란이 가중되었다. 게다가 이전의 모든 신조들을 인정하고는 있지만 성경의 무오성을 주장하지 않는 사람들을 "거짓 복음주의자들"이라고 매도함으로써 혼란은 가일층 악화되었다.

이러한 입장은 복음주의자 전국연합(NAE)의 한 회의에서 쉐퍼가 주장한 입장이었으며 린드셀이 자신의 책 『성경을 위한 투쟁 *The Battle for the Bible*』(1976)에서 주장한 입장이기도 하다. 헨리는 쉐퍼와 린드셀이 '거짓' 복음주의자들이라는 표현이 아니라 '일관성 없는' 복음주의자들이라는 표현을 사용하였더라면 그들의 입장이 보다 긍정적인 방향에서 이 문제에 기여할 수 있었을 것이라고 생각했다. 쉐퍼와 린드셀의 주장에 따르면, 기독교의 신조들을 확고하게 지지하면서도 현대주의나 바르트의 변증 신학과 불트만의 실존주의 신학을 거부하는 브루스(F. F. Bruce)나 벌카우어(G. C. Berkouwer)와 같은 수많은 학자들 또한 불행하게도 거짓 복음주의자들로 분류되게 된다.

『크리스채니티 투데이』는 그 시작부터 성경의 무오성에 대해 교리적으로 일관된 입장을 표명해 왔다. 이 잡지는 위대한 신앙적인 교리들을 지키기 위해 성경에 함축된 내용들에 근거해 열심히 싸워 온 모든 학자들을 복음주의 진영에서 배제하기보다는 협력자들로 참여시켰다. 린드셀은 자신의 책에서 헨리가 성경의 무오성을 지지하였다는 사실을 인정했다. 그러나 뒤이어 그는 헨리가 그것을 중요한 것으로 간주하지는 않았다고 덧붙인다. 헨리는 『신·계시·권위』에서 성경 무오 개념을 구체적으로 표현하고 있지만 그것을 성경에서 가장 중요한 주제로 제시하고 있지는 않다.

1980년 1월 3일, 헨리는 다섯 번째로 아세아연합신학교를 방문했다. 이 기간 중에 생명의말씀사와 『신·계시·권위』의 나머지 책들의 번역과 출간에 대한 계약이 이루어졌다(실제로는 3, 4권에 대한 출판이 이루어졌다. 1권과 2권의 번역은 1978년에 대한기독교출판사에서 이루어졌다). 돌아가는 길에 헨리는 파사데나를 방문해 풀러 신학교에서 3주간 집중 강의를 하였는데, 이는 헨리가 설립 멤버로 참여했던 학교에서 20년 만에 처음으로 이루어진 일이었다.

1980년 봄에 헨리는 미국 신학 협회의 회장으로 선출된다. 같은 해 8월에 헨리는 '80 세계 복음 전도 대회에 참가하기 위해 다시금 서울을 방문했다. 나흘간의 저녁 집회에 총 7백 50만 명이 참여하였다. 기독교회 역사상 가장 많은 수의 사람이 모인 것으로 헨리는 기록하고 있다. 헨리가 보기에 "미국의 복음 전도자들이 중생의 필요성을 강조하였다면 아시아의 복음 전도자들은 신자들의 헌신적이고 희생적인 봉사를 강조

칼 헨리의 자서전(1986년) 뒷 표지에 실린 노년의 헨리 부부.

하였다."[187]

1983년 1월, 헨리는 70세가 되었다. 헨리는 자신의 모든 삶이 하나님의 축복임을 점점 더 확실하게 느낄 수 있었다. 그 달에 가까운 이웃이요 이전의 동료였던 프랭크 게버라인이 삶을 마감하였다. 몇 년 어간에 프랜시스 쉐퍼, 해롤드 오켕가, 메릴 테니와 고든 클락 등도 모두 세상을 떠났다.

1983년 5월에 헨리와 헬가는 대한항공 007기를 타고 월드비전 강연을 위해 뉴욕에서 서울로 날아왔다. 그 해 말 같은 코스의 비행기가 소련의 전투기에 의해 폭파되는 일이 발생했다. 헨리는 가끔 하나님께서 자신이 십대에 35년을 살게 될 것이라 생각했던 것에서 35년을 덤으로 주셨다고 생각하곤 했다.

2006년, 헨리는 93세의 나이가 되었으며 하나님 아버지의 집을 향한 마지막 항해를 기다리고 있다. "그 여행에는 하나

187) *Confessions*, 372쪽.

님이 주신 도덕적이고 영적인 자산 이 외의 어떤 수화물도 가지고 갈 수 없다. 조종사 되신 그리스도와 함께 나는 일등석으로 여행을 즐길 것이다."

헨리는 자신의 자서전을 밴스 해브너의 기도로 마무리하고 있다. "주여, 나로 하여금 어둡기 전에 안전하게 본향에 도착하게 하소서(Lord, get me safely home before dark)."[188]

188) *Confessions*, 407쪽.

맺음말: 한국 교회와 칼 헨리

외견상 칼 헨리는 한국 교회와 별반 관계가 없어 보이지만 그의 생애를 살펴보면 1970년대부터 1980년 중반까지 그의 활동 후반기에 여러 번 한국을 방문하여 신학교에서 강의하고 교회에서 설교할 기회를 가졌다. 특히 지금의 아세아연합신학대학교와 헨리의 관계는 특별하다고 할 수 있다. 1974년 처음 아세아연합신학교(the Asian Center for Theological Studies and Mission, ACTS)가 시작될 당시 헨리는 학장으로 봉사해 달라는 초청을 받았지만 부분적으로는 혹독한 한국의 겨울 날씨 때문에 그 제안을 거절하였다. 그러나 헨리는 외국인 방문 교수로는 처음으로 그 학교에서 강의를 하기 위해 한국을 방문하는 성의를 보였다.

그 다음 해에도 헨리는 다시금 아세아연합신학교에서 3주

동안 강의하기 위해 한국을 방문하였으며 네 번의 공개 강의를 하기도 했다. 헨리는 이후에도 월드 비전의 사명을 띠고 한국을 방문할 때마다 아세아연합신학교에서 강의를 하였다. 그래서 헨리는 자신을 아세아연합신학대학의 "설립 강사(founding lecturer)"라고 부르고 있다.189)

1975년 한국 방문시 헨리는 샘 모펫(Sam Moffett)의 집에서 (서울에서 리빙바이블[Living Bible] 번역을 준비하고 있던) 휘튼 대학 동급생이었던 켄 테일러(Ken Taylor)와 뜻밖의 반가운 만남을 가졌다. 그리고 헨리의 아내 헬가의 환갑 잔치를 그 해 한국 방문 기간 동안 우리나라의 전통 방식으로 치르기도 했다.190)

한국에서 헨리가 강연한 곳은 아세아연합 신학대학 외에 장로회 신학대학교와 서울 신학대학교가 있으며 대전의 침례교 신학대학에도 방문하여 강의하였다. 영락교회에서도 네 번에 걸쳐 드려지는 주일예배에서 설교를 하기도 했다.

우리나라에서는 헨리의 저서 중 『신·계시·권위』 4권이 번역, 출간되었다. 1, 2권은 대한기독교출판사에서, 3, 4권은 생명의말씀사에서 역자를 달리 하여 출판되었지만 지금은 모두

---

189) *Confessions*, 361쪽.

190) *Confessions*, 358쪽. 헨리의 자서전에는 10여 년의 세월이 흘러서인지 환갑을 '황갑(Whang Gap)'으로 기록하고 있다.

절판된 상태다. 그리고 5, 6권은 아예 번역이 되지 않은 상태인데, 아마도 출간된 네 권에 대한 반응이 미국에서와는 달리 신통치 않았기 때문이었던 것으로 생각된다. 그 외의 헨리의 책은 1976년에 헨리가 편집한 『기독교 교리 논설』이라는 책이 생명의말씀사에서 번역되었으며, 1992년에는 『현대 사조와 신앙 회복』이라는 책이 기독교문사에서 번역, 출간되었다.

이런 점들로 비추어 볼 때 국제적인 명성이나 우리나라와의 밀접한 관계에 비해 헨리의 사상은 우리나라 성도들이나 신학자들 사이에 큰 관심을 끌지는 못한 듯하다. 사실 침례교 목사였지만 침례교에 매이지만은 않았던 헨리의 광범위한 활동 때문에 그의 신학적인 사상은 한국에 크게 소개되지 못한 실정이다.

우리나라는 교단적인 배타성이 그 어느 나라보다도 심각하다. 필자는 1.5세대로 회교권 선교를 준비하고 있는 전도사 한 분이 한국을 방문하여 모 선교단체에서 훈련을 받는 가운데, 어느 강사가 "나는 호적은 바꾸어도 교단은 바꿀 수 없다"는 말을 듣고 기함을 했다는 말을 들은 적이 있다. 이는 그만큼 한국 교회 교단의 배타적인 장벽이 높다는 반증일 것이다. 물론 개인이 속한 교단의 전통에 대한 자부심과 소속감은 지극히 자연스러운 것이다. 그러나 거기에서 더 나아가 타 교단을 무시하고 자신이 속한 교단만이 옳다는 독선적인 생각으로 흘러서는 안 될 것이다.

미국에서는 풀러(Fuller)나 트리니티(Trinity), 고든-콘웰(Gordon-Conwell) 등의 초교파적인(inter-denominational) 복음주의 신학교들이 신학 교육의 한 축을 담당하고 있다. 미국의 주류 교단들이 이러한 신학교의 학생들을 큰 문제없이 수용하고 있으며, 함께 목회의 장을 나누고 있기도 하다. 한국 교회에서도 이런 복음주의 신학교들에 대한 수용이 보다 폭넓게 이루어졌으면 하는 기대와 소망을 가져본다. 그럴 때 칼 헨리의 생애뿐 아니라 그의 복음주의 신학도 한국 교회의 관심과 조명을 받을 수 있게 될 것이다.

참고문헌

Carl F. H. Henry, *The Uneasy Conscience of Modern Fundamentalism*, Grand Rapids: Eerdmans, 2003 (Enlarged Ed.).

_______________, *Confessions of a Theologian*, Waco, Texas: Word Books, 1986.

Bob E. Patterson, *Carl F. H. Henry*, Waco, Texas: Word Books, 1983.

Martin E. Marty and Dean G. Peerman, eds., *Handbook of Christian Theologians*, Nashville: Abingdon, 1984 (Enlarged Ed.).

칼 헨리, 『신·계시·권위』 1-4권, 맹용길 옮김, 서울: 대한기독교출판사, 1978-82.

______, 『기독교 교리 논설』, 권혁봉 옮김, 서울: 생명의 말씀사, 1976.

______, 『현대사조와 신앙회복』, 김호식 옮김, 서울: 기독교문사, 1992.

______, 「마틴 로이드 존스와의 인터뷰: '장차 올 진노에서 피하라'」, 『그 말씀』, 1998. 10., 6-16쪽.

______ & 케니스 칸처, 「21세기를 향한 복음주의 운동을 말한다」, 『목회와 신학』, 1998. 11., 238-247쪽.

라보도 외, 『칼빈주의 신학과 신앙』, 서울: 웨스트민스터출판부, 2005 (증보판).

로널드 내쉬, 『현대의 철학적 신론』, 박찬호 옮김, 서울: 살림출판사, 2003.

마이클 호튼, 『미국제 복음주의를 경계하라』, 김재영 옮김, 서울: 나침반, 2001.

마크 A. 놀, 『복음주의 지성의 스캔들』, 이승학 옮김, 서울: 엠마오, 1996.

________, 『미국 캐나다 기독교 역사』, 최재건 옮김, 서울: 기독교문서선교회, 2005.

스탠리 그렌즈 & 로저 올슨, 『20세기 신학』, 신재구 옮김, 서울: 기독학생회, 1997.

__________, 『기독교 윤리의 토대와 흐름』, 신원하 옮김, 서울: 기독학생회, 2001.

__________, 『조직신학: 하나님의 공동체를 위한 신학』, 신옥수 옮김, 고양: 크리스챤다이제스트, 2003.

알리스터 E. 맥그래스, 『복음주의와 기독교의 미래』, 신상길·정성욱 옮김, 서울: 장로교출판사, 1997.

________________, 『복음주의와 기독교적 지성』, 김선일 옮김, 서울: 기독학생회, 2001.

올리버 버스웰, Jr., 『조직신학』 (1) (2), 권문상·박찬호 옮김, 서울: 웨스트민스터출판부, 2005.

박찬호, 『판넨베르그 신학 비판』, 서울: 웨스트민스터 출판부, 2003.

_____, 「관계성의 신학으로서의 삼위일체론의 부흥」, 『개혁신학』 16, 2004. 11., 13-49쪽.

홍치모, 「미국 교회의 보수신앙 운동의 변천」, 『신학지남』 58/1, 1991.

현대 신학자 평전 8

칼 헨리

-복음주의 신학의 대변자

초판인쇄_2006년 3월 2일
초판발행_2006년 3월 13일
지은이_박찬호
펴낸이_심만수
펴낸곳_(주)살림출판사
주소_413-756 경기도 파주시 교하읍 문발리 파주출판도시 522-2
출판등록_1989년 11월 1일 제9-210호
전화_ 영업·(031)955-1350 기획·편집·(031)955-1365
팩스_(031)955-1355
e-mail_salleem@chol.com
홈페이지_http://www.sallimbooks.com

ISBN 89-522-0167-1 04230 (세트)
ISBN 89-522-0488-3 04230

* 잘못된 책은 구입하신 서점에서 바꾸어 드립니다.
* 저자와의 협의에 의해 인지를 생략합니다.

값 10,000원